28,–

ANNEMARIE DÜHRSSEN

Die biographische Anamnese unter tiefenpsychologischem Aspekt

Annemarie Dührssen

Die biographische Anamnese unter tiefenpsychologischem Aspekt

Verlag für Medizinische Psychologie
im Verlag Vandenhoeck & Ruprecht in Göttingen

Cip-Kurztitelaufnahme der Deutschen Bibliothek

Dührssen, Annemarie:
Die biographische Anamnese unter tiefenpsychologischem Aspekt / Annemarie Dührssen. – Göttingen: Verlag für Med. Psychologie im Verl. Vandenhoeck u. Ruprecht, 1981.
ISBN 3-525-45660-3

Satz: Dörlemann-Satz, Lemförde
Druck: Hubert & Co., Göttingen.

Inhaltsverzeichnis

A. Zur Einführung: Psychiatrie, Psychoanalyse und Life-Event-Forschung 7

B. Der erste Kontakt mit dem Patienten 18

C. Der Gegenwartskonflikt und seine Vorgeschichte – die Merkmale einer neurotischen Charakterbildung 24

D. Konfliktkonstellationen in verschiedenen Lebensbereichen 34

I. Persönliche Bindungen, Liebesbeziehungen und Familienleben 34

1. Partnerwahl und Bindungsverhalten 35
2. Die Aufnahme einer neuen Beziehung 48
3. Besondere sexuelle Probleme in der Partnerschaft 52
4. Die Rivalität in der Familie 59
5. Besitzkonflikte in Partnerschaft und Familie („orale" Problematik) 63
6. Die Beziehung zu den eigenen Kindern 72
7. Verlust durch Trennung 80
8. Verlust durch Tod 85

II. Die Herkunftsfamilie: Die ödipale Konstellation und das Drei-Generationen-Konzept 91

III. Berufsprobleme, Arbeitsstörungen und Lernschwierigkeiten 105

IV. Besitzerleben und -verhalten 121

V. Der umgebende sozio-kulturelle Raum 130

E. Die Anordnung und Interpretation der Befunde 136

F. Nachwort 148

Literaturverzeichnis 149

A. Zur Einführung: Psychiatrie, Psychoanalyse und Life-Event-Forschung

Seit es eine Medizingeschichte gibt, haben sich viele hervorragende Ärzte immer erneut mit der Frage beschäftigt, ob äußere Schicksalsbelastungen, Lebenskrisen oder Lebenskonflikte die körperlich-seelischen Erkrankungen eines Menschen hervorrufen können. Eine bunte Fülle zeitgeschichtlicher Dokumente macht uns deutlich, wie sehr sich in diesem Bereich scharfsinnige Beobachtungen, verstehendes Mitempfinden und magisch-abergläubische Vorstellungen mischten. Die Medizin war nicht frei von jenem religiös getönten Schuld- und Vergeltungsdenken, das Krankheit und Seuchen dem Verschulden eines einzelnen Sünders oder gar einer ganzen Gruppe von Menschen zuschrieb, die durch den Zorn der Götter bestraft werden sollten.

Im vergangenen Jahrhundert entwickelte sich eine aufgeklärte Geisteshaltung, die sich von solchen irrationalen Vorstellungen befreien wollte und daher jenen bio-psychologischen Zusammenhängen ihre Aufmerksamkeit widmete, die hinter dem beobachtbaren Krankheitsgeschehen zu vermuten waren.

In bezug auf die Geisteskrankheiten schrieb Wilhelm Griesinger vor fast 150 Jahren in der ersten Ausgabe seines berühmt gewordenen psychiatrischen Lehrbuches (1845) den Satz: „Die psychischen Ursachen halten wir für die häufigsten und ergiebigsten Quellen des Irreseins, sowohl was die Vorbereitung, als namentlich und hauptsächlich die unmittelbare Erregung der Krankheit betrifft“ (S. 169). Griesinger beschrieb in diesem Zusammenhang die unterschiedlichsten Affekte. Er nannte die Trauer, die Wut, die Beschämung, die dauernde Bedrückung oder die Kränkung des Ehrgeizes, um jene seelischen Gemütsbewegungen zu bezeichnen, die nach seiner Meinung das Seelenleben eines Menschen bis zu einschneidender Erkrankung schädigen können.

Griesinger wollte seine Patienten vor metaphysischem Schulddenken bewahren und hielt alle zugehörigen Spekulationen für sehr verfehlt. Er stellte die Arbeitshypothese auf, daß sich alle seelischen und geistigen Regungen der Menschen im Gehirn abspielten. Als Konsequenz dieser Arbeitshypothese fühlte er sich berechtigt, den vielzitierten Satz niederzuschreiben: „Geisteskrankheiten sind Gehirnkrankheiten". Dieser Satz ist freilich später von manchen Autoren mißverstanden worden: Es sollte nicht verkannt werden, daß die von GRIESINGER behauptete Lokalisation der Geisteskrankheiten im Gehirn eben von der Vorstellung ausging, daß sich alle Gemütsbewegungen im Gehirn abspielten und von dorther ihre weiteren Wirkungen entfalteten. GRIESINGER hat seinerzeit auch schon die Auswirkungen krankhafter Gemütsbewegungen auf „die Tätigkeiten der Zirkulations-, der Respirations-, der Verdauungsorgane, der Blutbildung ..." beobachtet und hat darauf hingewiesen, daß sich „*bei Fortdauer und großer Festigkeit der Verstimmungen und Affekte auch leicht bedeutendere Störungen dieser Funktionen ergeben müssen*" (S. 172).

Wir finden also schon in diesen frühen Ausführungen eines großen Arztes Hinweise auf den Zusammenhang zwischen Affektleben, Geisteskrankheit und *psychosomatischer Störung.* Das Thema war zeitgenössisch aktuell.

Mit dem Ausklang des 19. Jahrhunderts stellte dann FREUD seine Hypothesen zur Entstehung von neurotischen Störungen vor. Er entdeckte die Wirksamkeit unbewußter und zugleich nicht bewußtseinsfähiger Dynamismen und sah in den Schädigungen der sexuellen bzw. libidinösen Triebregungen den Kernpunkt einer Neurose. Zugleich erfaßte er mit seiner unbestechlichen Beobachtungsgabe, in welchem Ausmaß die *frühen Entwicklungsjahre* eines Kindes durch Außen- und Lerneinflüsse geprägt werden und wie in diesen Jahren die Disposition zu späteren neurotischen Erkrankungen gelegt wird.

Die Diskussionen und Kontroversen zum Thema der Neurosen und der psychosomatischen Erkrankungen haben die Ärzte unseres Jahrhunderts vielfältig beschäftigt. Mit immer größerer Sorgfalt beobachtete man die lebensgeschichtliche Entwicklung eines Menschen und versuchte, seine innere und äußere Wirklichkeit verstehend und sinnerhellend mit dem vorliegenden Krankheitsgeschehen in Zusammenhang zu bringen.

Die psychoanalytischen Erkenntnisse FREUDS stammten aus seiner privaten Praxis und bezogen sich auf das genaue Studium einzelner Patienten. Als im Jahre 1920 in Berlin die erste psychoanalytische Poliklinik gegründet wurde, kam eine höchst fruchtbare wissenschaftliche Entwicklung in Gang: Der Erfahrungsschatz der

Psychoanalytiker erweiterte sich durch den institutionellen Rahmen umfassend, und ihr Umgang mit den Patienten erhielt durch den poliklinischen Versorgungsauftrag neue Impulse. So ergab sich unter anderem eine Arbeitsrichtung die die *biographische Anamnese* unter psychoanalytischen Gesichtspunkten zum Gegenstand ihrer Studien machte. Psychoanalytiker wollten mit der zielgerichteten Sammlung wichtiger Daten und Fakten das Kräftespiel verstehen, das die vitale Balance der untersuchten Patienten aus dem Gleichgewicht gebracht hatte. Sie erkannten dabei bald, daß die Beziehung zwischen dem Arzt und dem Patienten für die Einschätzung der erhaltenen Informationen von weitreichender Bedeutung war und daß die Mitteilungen des Patienten nur dann verstehend geordnet werden konnten, wenn die Arzt-Patienten-Situation mit berücksichtigt wurde.

Geschichtlich gesehen können wir wohl verzeichnen, daß das Interesse für die psychoanalytisch orientierte biographische Anamnese bei jenen Psychoanalytikern am lebendigsten entwickelt blieb, die in der eben genannten Berliner Psychoanalytischen Poliklinik langjährig gelernt, gelehrt und gearbeitet hatten: FRANZ ALEXANDER, der später in Chikago wirkte, SANDÓR RADÓ in New York, KAREN HORNEY in Washington und New York, WERNER KEMPER und HARALD SCHULTZ-HENCKE in Berlin widmeten sich diesem Thema ebenso nachdrücklich, wie später MICHAEL BALINT, als er an der Londoner Tavistock-Klinik (nach langjähriger Tätigkeit in Ungarn) an die frühen Berliner Erfahrungen wieder anknüpfen konnte.

1927 schrieb SCHULTZ-HENCKE in Berlin seine „Einführung in die Psychoanalyse“ und widmete in diesem Buch einen Abschnitt den Problemen der „Versuchungs- und Versagungssituation“, die nach den psychoanalytischen Beobachtungen FREUDS eine so wesentliche Rolle beim Ausbruch einer psychoneurotischen Erkrankung spielten. SCHULTZ-HENCKE führte in diesem Zusammenhang folgendes aus:

„Wir werden uns hinsichtlich des Patienten daher zu Anfang folgende Fragen vorlegen dürfen:

1. Hat er Erwerb, Geld, Existenz verloren (z. B. durch eigene Schuld)?
2. Hat er eine Frau/einen Mann verloren?
3. Hat er ein Kind verloren?
4. Hat er eine Person verloren, die in seinem Lebensrahmen das Gleichgewicht herstellte?

5. Hat ein anderer ihn übertroffen?
   Geld bekommen?
   Frau oder Mann bekommen?
   Kind bekommen?
6. Droht ein anderer, ihn zu übertreffen?
   Geld – Frau – Mann – Kind zu bekommen?
7. Steht er vor der Entscheidung, hart oder weich zu sein?
   Nachzugeben oder nicht?
8. Steht er vor der Entscheidung sich zu rächen oder nicht?
9. Hat er Gelegenheit, auf – seinen moralischen Anschauungen widersprechende – Weise zu lieben?"

Diese Aufstellung von Fragen zur auslösenden Erkrankungssituation, die SCHULTZ-HENCKE natürlich nur als eine erste unvollständige Sammlung betrachtete, liest sich fast wie ein Vorläufer für die genau 40 Jahre später veröffentlichte Liste von „Lebensereignissen", die die beiden Autoren HOLMES und RAHE zur Grundlage ihrer sogenannten „Life-Event-Forschung" gemacht hatten:

HOLMES und RAHE hatten 43 „Lebensereignisse" zusammengestellt, die sie zunächst willkürlich gruppierten. Um eine Gewichtung dieser Lebensereignisse zu erhalten, gingen sie folgendermaßen vor: Sie legten diese Liste einer Gruppe von 394 Probanden vor und erbaten eine Angabe darüber, um wieviel mehr oder wieviel weniger eines dieser Ereignisse als belastend empfunden wurde, wenn man es mit einer *Heirat* verglich. (Belastend im Sinne der notwendigen Anpassungsleistung). Für die Heirat war von den Autoren ein Wert von 500 Punkten vorgegeben. Bei der Frage an die Probanden, wie groß die Anpassungsleistung sei, die sie bei den angegebenen Lebensereignissen zu bewältigen hätten, gaben beide Forscher ausdrücklich an, daß nicht darauf geachtet werden sollte, ob das Lebensereignis „erwünscht" oder „unerwünscht" sei. Zugleich machten sie deutlich, daß die Probanden die erbetene Gewichtung auf den „American way of life" beziehen sollten, da die amerikanische Lebensform das Bezugssystem für die erforderlichen Anpassungsleistungen darstellte. Die beiden Forscher dividierten dann die Mittelwerte aller befragten Personen durch 10, um schließlich aus diesen Werten ihre sogenannte „Social Readjustment Ratingscale" abzuleiten. Auf dieser Skala hatten sie den ausgewählten Lebensereignissen die gewonnenen Gewichte zugeordnet und bezeichneten diese Gewichte als sog. "Life-Change-Units". Die Skala sowie ihre Vorform ist in Tab. 1 u. 2 wiedergegeben.

Tab. 1: Social Readjustment Rating Questionaire

	Events	Werte
1.	Heirat	500
2.	Ärger mit dem Vorgesetzten	–
3.	Haftstrafe	–
4.	Tod des Ehepartners	–
5.	Änderung der Schlafgewohnheiten	–
6.	Tod eines Familienangehörigen	–
7.	Änderung der Eßgewohnheiten	–
8.	Kündigung eines Darlehens	–
9.	Änderung persönlicher Gewohnheiten	–
10.	Tod eines nahen Freundes	–
11.	Geringfügige Gesetzesübertretungen	–
12.	Großer persönlicher Erfolg	–
13.	Schwangerschaft	–
14.	Änderung im Gesundheitszustand eines Familienmitglieds	–
15.	Sexuelle Schwierigkeiten	–
16.	Ärger mit der angeheirateten Verwandtschaft	–
17.	Änderung der Häufigkeit familiärer Kontakte	–
18.	Erhebliche Einkommensveränderung	–
19.	Familienzuwachs	–
20.	Wohnungswechsel	–
21.	Kinder verlassen das Elternhaus	–
22.	Trennung vom Ehepartner	–
23.	Änderung der kirchlichen Gewohnheiten	–
24.	Aussöhnung mit dem Ehepartner	–
25.	Verlust des Arbeitsplatzes	–
26.	Scheidung	–
27.	Berufswechsel	–
28.	Änderung in der Häufigkeit von Auseinandersetzungen	–
29.	Veränderung im beruflichen Verantwortungsbereich	–
30.	Anfang oder Ende der Berufstätigkeit der Ehefrau	–
31.	Änderung von Arbeitszeit und -bedingungen	–
32.	Änderung der Freizeitgewohnheiten	–
33.	Aufnahme eines Kredits über 10.000 $	–
34.	Aufnahme eines Kredits unter 10.000 $	–
35.	Eigene Verletzung oder Krankheit	–
36.	Geschäftliche Veränderung	–
37.	Änderung der gesellschaftlichen Gewohnheiten	–
38.	Änderung des Lebensstandards	–
39.	Pensionierung	–
40.	Urlaub	–
41.	Weihnachten	–
42.	Schulwechsel	–
43.	Schulbeginn oder -abschluß	–

Tab. 2: Social Readjustment Rating Scale (SRRS)

Rang	Life event	Durchschnittswerte
1.	Tod des Ehepartners	100
2.	Scheidung	73
3.	Trennung vom Ehepartner	65
4.	Haftstrafe	63
5.	Tod eines Familienangehörigen	63
6.	Eigene Verletzung oder Krankheit	53
7.	Heirat	50
8.	Verlust des Arbeitsplatzes	47
9.	Aussöhnung mit dem Ehepartner	45
10.	Pensionierung	45
11.	Änderung im Gesundheitszustand eines Familienmitglieds	44
12.	Schwangerschaft	40
13.	Sexuelle Schwierigkeiten	39
14.	Familienzuwachs	39
15.	Geschäftliche Veränderung	39
16.	Erhebliche Einkommensveränderung	38
17.	Tod eines nahen Freundes	37
18.	Berufswechsel	36
19.	Änderung in der Häufigkeit von Auseinandersetzungen mit dem Ehepartner	35
20.	Aufnahme eines Kredits über 10.000 $	31
21.	Kündigung eines Darlehens	30
22.	Veränderung im beruflichen Verantwortungsbereich	29
23.	Kinder verlassen das Elternhaus	29
24.	Ärger mit der angeheirateten Verwandtschaft	29
25.	Großer persönlicher Erfolg	28
26.	Anfang oder Ende der Berufstätigkeit der Ehefrau	26
27.	Schulbeginn oder -abschluß	26
28.	Änderung des Lebensstandards	25
29.	Änderung persönlicher Gewohnheiten	24
30.	Ärger mit dem Vorgesetzten	23
31.	Änderung von Arbeitszeit und -bedingungen	20
32.	Wohnungswechsel	20
33.	Schulwechsel	20
34.	Änderung der Freizeitgewohnheiten	19
35.	Änderung der kirchlichen Gewohnheiten	19
36.	Änderungen der gesellschaftlichen Gewohnheiten	18
37.	Aufnahme eines Kredits unter 10.000 $	17
38.	Änderung der Schlafgewohnheiten	16
39.	Änderung der Häufigkeit familiärer Kontakte	15
40.	Änderung der Eßgewohnheiten	15
41.	Urlaub	13
42	Weihnachten	13
43.	Geringfügige Gesetzesübertretungen	11

Die erste in Tabelle 1 abgebildete Skala wurde im Probelauf zum Erhalt der Gewichte verwandt. Die Skala der zweiten Tabelle, die man dann als Life-Event-Skala bezeichnet hat, enthält die ermittelten Befunde.

Wenn wir die einzelnen Merkmale dieser Liste betrachten, dann sehen wir deutlich, daß sie inhaltlich sehr viel Ähnlichkeit mit jenen Fragen haben, die 40 Jahre zuvor von SCHULTZ-HENCKE formuliert worden sind. Der Unterschied ist freilich der, daß SCHULTZ-HENCKE davon ausging, daß sich die besonderen Ereignisse im Leben eines Patienten mit seinem neurotischen Persönlichkeitsmuster verstehend verknüpfen lassen, so daß diese Ereignisse den Stellenwert einer *persönlichkeitsspezifischen* krankheitsauslösenden Situation erhalten.

Speziell dieser Aspekt wurde allerdings von den „Life-Event-Forschern" zunächst einmal vernachlässigt. Sie waren von dem Wunsch getragen, mit Hilfe einer voll durchstrukurierten Fragebogenskala sogenannte „harte Gewichte" zu erhalten, die die unberechenbaren Einflüsse der Interviewtechnik, der Arzt-Patienten-Beziehung und der Einschätzung durch den Therapeuten ausschaltete.

Diese Forschungsrichtung brachte in mancher Hinsicht sehr interessante und zum Teil bestechende Ergebnisse. Die Life-Event-Skalen wurden in vielen Varianten geprüft, angewandt oder abgeändert. Freilich blieben die gesammelten Befunde aus vielerlei Gründen auch angreifbar: Die Kritiker dieser Forschungsrichtung waren vor allem damit unzufrieden, daß die geprüften Einzelereignisse doch nur sehr vage definiert waren und daß eine invariante Vergabe der Belastungsscores beibehalten wurde. So ergaben sich denn auch Versuche, die erwünschten von den unerwünschten Ereignissen abzugrenzen und damit zugleich eine bessere Gewichtung der Lebensereignisse zu erzielen.

Zum Beispiel hat der Londoner Medizinsoziologe G. BROWN versucht, diesen Nachteilen und Mängeln abzuhelfen. Er hat selbst ein Erhebungsinstrument für lebensverändernde Ereignisse geschaffen (Londoner Life-Event-Schedule) mit dessen Hilfe er (bei freilich sehr umfangreichem methodischen Aufwand) jeweils prüfen lassen wollte, ob ein bestimmtes Ereignis für den Patienten bedrohlich war und wie die Bedrohlichkeit zu gewichten wäre (leicht, mittelschwer, stark).

BROWN hat also nicht mehr die allgemeine Anpassungsleistung

bei erwünschten oder unerwünschten Ereignissen geprüft. Er beschränkte sich vornehmlich (vermutlich aus methodischen Gründen) auf die Prüfung der krankheitsauslösenden Funktion von „bedrohlichen“ Ereignissen.

Studiert man die Lebensereignisforschung in ihren Einzelheiten, dann kann man feststellen, daß sich alle Forscher darüber einig sind, daß die jeweiligen Ereignisse allein nicht automatisch eine Krankheit auslösen, selbst wenn eine erhebliche Häufung lebensverändernder oder auch lebensbedrohender Ereignisse vor dem Ausbruch einer Krankheit festgestellt werden konnte. Es wird immer eine bestimmte Disposition oder Vulnerabilität bei den Patienten vorausgesetzt, wobei dann offenbleibt, ob es sich jeweils um eine erbgenetische oder um eine konstitutionelle Disposition handeln soll oder ob man die FREUDschen Theorien über die erworbene *neurotische* Dispositon mit zur Erklärung der Krankheitsanfälligkeit der Patienten heranziehen sollte.

Eine zielgerichtete Orientierung der „Life-Event-Forschung“ an Triebkonflikten und vorgeformten neurotischen Persönlichkeitsmustern (wie es in der Psychoanalyse notwendig und üblich ist) ist in der Lebensereignisforschung allerdings schon deshalb nicht zu finden, weil der Wunsch nach statistisch berechenbarer Information die Triebfeder für all diese Untersuchungen gewesen ist. Eine verstehende Einordnung der Lebensereignisse in die innere Entwicklungsgeschichte des Patienten würde einer quantifizierenden Berechnung in mancher Hinsicht im Wege stehen. Insofern muß man heute im Rückblick wohl sagen, daß die psychosomatischen Forscher recht getrennte Wege gegangen sind, als sie die Bedeutung der Außenbelastung eines Patienten prüfen wollten. Allerdings kann man zugleich auch feststellen, daß sich die beiden parallel zueinander verlaufenden Forschungsrichtungen im Grunde recht gut ergänzen und daß sie sich gewiß bald auf einer gemeinsamen Ebene begegnen werden, um ihre Erfahrungen auszutauschen. Immerhin ist ja die Frage, ob lebensverändernde Ereignisse *unabhängig* von den neurotischen Persönlichkeitsmustern als pathogene „Stressoren“ wirken können, noch immer nur sehr unzulänglich aufgeklärt. Tatsächlich scheint es nach allen klinischen, psychotherapeutisch/psychoanalytischen Erfahrungen eher die Ausnahme als die Regel zu sein, daß *äußere* Lebensereignisse *ohne* besonderen Zusammenhang mit dem neurotischen Persönlichkeitsmuster eines Patienten zum krankheitsauslösenden Faktor werden, sofern bei dem Patienten nicht mit einer allgemeinen Vitalschwäche gerechnet werden muß.

Für die psychotherapeutisch/psychoanalytische Diagnostik gilt dabei eigentlich seit je der Erfahrungssatz, daß man die Diagnose „psychogene Erkrankung“ oder „Neurose“ nicht per exclusionem stellen sollte und daß man sie auch nicht aus der Symptomatik allein ableiten kann. Zu der Diagnose „psychogene Erkrankung“ ist man nur dann berechtigt, wenn man einen schlüssigen Zusammenhang zwischen dem vorgefundenen neurotischen Charakterbild, der zugehörigen auslösenden Lebenssituation und den vorliegenden Krankheitszeichen gefunden hat, oder wenn deutlich geworden ist, daß die persönlichkeitsspezifischen unbewußten Dynamismen so dauerhaft wirksam sind, daß die Krankheit nicht ausheilt und die Beschwerden nicht abklingen können.

In diesem Zusammenhang wäre nun noch festzustellen, daß die *Beschwerdebilder* der neurotischen und der psychosomatischen Patienten außerordentlich vielfältig sind. Der Allgemeinarzt, der Internist, der Gynäkologe, der Hautarzt, der Psychiater oder der für Psychotherapie/Psychosomatik spezialisierte Arzt wird von sehr verschiedenartigen Patienten aufgesucht:

Herz-Angst-Gefühle oder eine Magen-Darm-Symptomatik führen den Patienten zunächst einmal zum Allgemeinarzt oder zum Internisten. Ein Gleiches gilt für Kopfschmerzen oder Schwindelgefühle. Unterleibsbeschwerden, Vaginismus oder Frigidität führen die Frauen bevorzugt zum Gynäkologen. Bei allgemeinen Muskelschmerzen wird häufig der Orthopäde zu Rate gezogen. Die differentialdiagnostische Abklärung von Schwindelzuständen und Gleichgewichtsstörungen erfolgt überwiegend beim Neurologen bzw. beim Hals-Nasen-Ohren-Arzt. Depressive Verstimmungen, Zwangssymptomatik oder Angstanfälle (ohne besondere begleitende Körpersymptomatik) veranlassen die praktizierenden Ärzte meist, ihre Patienten zum Psychotherapeuten oder zum Psychiater zu überweisen, wenngleich zur Zeit manches dafür spricht, daß Patienten mit jenen leichteren depressiven Verstimmungen, die mit Mattigkeit, Erschöpfung und Schlafstörungen einhergehen, zunächst einmal für längere Zeit in der Allgemeinpraxis mit Psychopharmaka behandelt werden, ohne daß ein Spezialist hinzugezogen würde. In diesen Fällen bleibt es dann oft ungeklärt, ob es sich bei den Patienten um eine endogene depressive Schwankung oder um eine reaktive neurotische Depression gehandelt hat

Die Beschwerdelisten, die von der psychosomatischen Forschung erarbeitet worden sind (v. ZERSSEN, v. KEREKJARTO, BRÄHLER u. a.) erfassen ein sehr breites Spektrum von subjektiven Mißempfindungen, an denen Patienten aus psychogenen Gründen leiden können. So war denn auch die lebensgeschichtlich orientierte Krankenbefragung kein Anliegen, das auf die Psychoanalyse oder die Psychiatrie allein beschränkt geblieben ist. Vor allem entstanden im Bereich der *Inneren Medizin* bedeutungsvolle Arbeitsrichtungen, die das leibseelische Krankheitsgeschehen der Patienten in einen ganzheitlichen Zusammenhang eingeordnet wissen wollten. LUDOLF VON KREHL hatte bereits 1902 auf die mögliche Bedeutung der Hysteriestudien FREUDs für das Verständnis der Kranken hingewiesen. Ebenfalls um die Jahrhundertwende hatten LIEBERMEISTER und ROSENBACH in ihrer Klinik eine Arbeitsrichtung begründet, die dem Verständnis individueller und lebensgeschichtlicher Faktoren großes Gewicht beimaß und die den vielfältigen Schicksalsschlägen, Kränkungen und unerfüllten Leistungsanforderungen einen pathogenen Stellenwert im klinischen Krankheitsgeschehen zuschrieb. Ebenso sorgten SIEBECK in Berlin (später in Heidelberg), VON WEIZSÄCKER, TH. V. UEXKÜLL, JORES, CURTINS und CHRISTIAN dafür, daß tiefenpsychologisches Gedankengut in den Umgang mit den Kranken einbezogen wurde.

Es würde dabei gewiß zu weit führen, wenn ich es unternehmen wollte, all jene verdienten Forscher aufzuführen, deren Aufmerksamkeit, Beobachtungsgabe und Einfühlungsvermögen sich vereinten, um jenen Patienten besser gerecht zu werden, hinter deren Krankheitszeichen seelische Wirkkräfte stehen und die nach allgemeinen epidemiologischen Schätzungen und Untersuchungen ca. 20 bis 30% einer Allgemeinpraxis oder einer internistischen Praxis ausmachen.

In jedem Fall waren und blieben sich alle Forscher darin einig, daß kein Arzt in der Lage ist, allein vom Beschwerdebild her die Diagnose einer neurotischen Erkrankung zu stellen. Man ist sich auch darüber klar, daß eine reine Ausschlußdiagnose nach sorgfältiger körperlicher Untersuchung nicht erlaubt ist. Die „positive Neurosendiagnose“ (SCHWIDDER) verlangt ein umfassendes Verständnis für das Zusammenspiel zwischen den inneren Erlebnisabläufen und der äußeren Schicksalskonstellation eines Patienten. Insofern ist es natürlich auch von hoher Wichtigkeit, daß ein Arzt sich über sein normalpsychologisches Wissen hinaus jenes Rüstzeug verschaffen kann, das den innerseelischen Bedürfnissen seiner Patienten angepaßt ist und das es ihm ermöglicht, die subjektive Bedeutung eines lebensgeschichtlichen Ereignisses für den Patienten richtig zu erfassen. Erst wenn der Arzt in der Lage ist, die von ihm gesammelten Informationen und Wahrnehmungen so zu ordnen, daß er einen Einblick in die innere Wirklichkeit seines Kranken gewinnt, erst dann wird er auch verstehen, warum der Patient unter dem Druck einer äußeren Belastung seelisch und biologisch aus dem Gleichgewicht geraten ist.

Und vor allem unter diesem Aspekt ist der Inhalt des vorliegenden Buches konzipiert: Da es gewiß zur Zeit nicht allen Ärzten möglich sein wird, das notwendige Basiswissen in Kursen und Seminaren zu erwerben, denke ich, daß es nicht überflüssig sein wird, wenn ich mich mit dieser Studie darum bemühe, dem jungen Studenten, dem praktizierenden Allgemeinarzt, ebenso wie dem angehenden Psychoanalytiker einen Leitfaden an die Hand zu geben, der ihm hilft sich zum Nutzen seiner Patienten in dem Wechselspiel zwischen deren neurotischer Charakterbildung und dem zugehörigen äußeren Lebenslauf zurecht zu finden.

Freilich meldet sich bei einer solchen Überlegung nicht nur die Frage, *welche* Informationen der Arzt in diesem Zusammenhang benötigt, sondern es muß auch geklärt werden, *auf welchen Wegen* er diese Informationen sammeln kann.

Gegenwärtig finden wir eine sehr bunte Palette von Vorgehensweisen, die den ärztlichen Umgang mit einem psychisch oder psychogen erkrankten Patienten ausmachen können:

Von reinen Fragebogenaktionen einmal abgesehen, kennen wir die „psychiatrische Exploration", die den Beziehungsaspekt zwischen Arzt und Patient mehr oder weniger außeracht läßt. Wir haben die ausführlichen Darlegungen zum „Ärztlichen Gespräch" (MAUZ, MEERWEIN), Angaben zum „Ersten Interview in der Psychotherapie" (ARGELANDER). Es gibt die Ausführungen zur „Tiefenpsychologisch orientierten Anamnese" (SCHULTZ-HENCKE, DÜHRSSEN) und wir kennen die humoristischen Gegenüberstellungen von BALINT, der die psychoanalytische „Detektivtechnik" von der „Flash-Technik" unterschieden haben wollte und der dem plötzlichen „Verständnisblitz" (FLASH) den Vorzug gab vor der „Detektivtechnik" des sogenannten „langen Interviews".

Die Psychoanalytiker waren sich anfangs nicht unbedingt darüber einig, wie der erste Kontakt mit einem neurotisch kranken Patienten zu gestalten sei. In Anlehnung an die Empfehlungen von FREUD zur Probebehandlung gab es die eine – mehr zurückhaltende – Arbeitsrichtung, die das erste psychoanalytische Gespräch mit dem Patienten so wenig wie möglich strukturieren wollte. Diese Analytiker meinten, daß der Patient sich um so besser spontan und frei mitteilen könne, je weniger lenkende Einflüsse vom Arzt ausgingen. Die subjektive Bedeutung der Mitteilungen des Patienten würde um so leichter erkennbar, und die „szenische Gestalt" (ARGELANDER) ließe sich um so eher erfassen, je weniger der Therapeut lenkend und strukturierend eingriffe.

Auch SCHULTZ-HENCKE hat davon gesprochen, daß sich im Verlauf der biographischen Anamnese eine „Gestalt" des Gesprächs ergäbe, die vom Therapeuten erlebt und erfaßt werden müßte, um den Patienten in seiner Eigenart besser zu verstehen. Gemeinsam mit vielen anderen Psychoanalytikern hielt SCHULTZ-HENCKE je doch die zielgerichtete Sammlung von Daten und Fakten für notwendig, um die Lebenswirklichkeit eines Patienten zu erfassen. Natürlich glaubten weder er noch andere daran, daß Daten und Fakten *allein* einen Einblick in einen Menschen vermitteln könnten. In dieser Hinsicht bestand und besteht unter den Psychoanalytikern eine unbestrittene Einigkeit: Die Sammlung von Informationen bleibt wertlos, wenn der kommunikative Aspekt zwischen dem Arzt und dem Patienten außer Acht gelassen wird.

So ist man sich denn auch bald darüber einig geworden, daß die *Situation* in der das Gespräch mit dem Patienten stattfindet den Gesprächsverlauf entscheidend beeinflußt und daß der Psychoanalytiker zahlreiche Möglichkeiten hat, den formalen Aspekt der Situation aktiv zu gestalten. Hierher gehören nicht nur die Räumlichkeiten des Sprechzimmers, das einen mehr privaten Charakter haben kann oder gänzlich den Erfordernissen einer Routinepraxis angepaßt ist. Hierher gehört vor allem auch die Frage nach der *Zeitdauer* eines Gespräches auf das sich Patient und Arzt einrichten, wenn sie gemeinsam die Hintergründe des Krankheitsgeschehens klären wollen.

Von der Technik „Fünf Minuten pro Patient" (BALINT) über das „Viertelstunden-Gespräch" (BRAUN) und der „Twenty-Minutes-Hour" (CASTELNUOVO-TEDESCO) werden 45 Minuten (MEERWEIN), eine Stunde (ARGELANDER) oder 1 ½ Stunden bzw. 2 × 1 Stunde (SCHULTZ-HENCKE, DÜHRSSEN) diskutiert und die jeweiligen Vorzüge oder Nachteile solcher Zeitplanungen beschrieben. Überblickt man die einschlägige Literatur, dann kann man sagen, daß vor allem MICHAEL BALINT die unterschiedlichsten Arbeitssituationen der praktizierenden Allgemeinärzte, der praktizierenden Psychoanalytiker und der in Institutionen tätigen Analytiker verstanden hat. Er war in seinen Arbeitsgruppen ohne Unterlaß darum bemüht, für die jeweils gegebene Arbeitssituation der Ärzte passende Techniken zu finden, die es erlauben, auch unter sonst festgelegten Bedingungen dem Patienten so viel Hilfe wie nur irgendmöglich zu bieten:

Eines der Ergebnisse, das in der Londoner Schule unter BALINTS Leitung zustande gekommen ist, stellt auch die von mir soeben erwähnte „Flash-Technik" dar, die dem Arzt die Möglichkeit bietet, seinen Patienten gewissermaßen blitzartig innerhalb der kurzen verfügbaren Zeit einer Routinepraxis zu verstehen („Fünf Minuten pro Patient"). BALINT hatte erkannt, daß das von ihm zunächst selbst empfohlene sogenannte „lange Interview" doch immer eine Art Fremdkörper in einer Allgemeinpraxis bleiben würde, daß es nicht ohne weiteres in den praktischen Alltag einzubauen war und insofern in jeder Praxis dazu führte, daß bestimmte Patienten eine Art Sonderstellung bekamen.

Die Darlegungen, die wir über die Studien und Diskussionen dieses Arbeitskreises zum Thema der „Flash-Technik" erhalten haben, sind sehr faszinierend. Die Gruppe glaubte, daß Ärzte auch mit wenig Zeitaufwand so umfassend auf ihre Patienten eingehen könnten, daß sie jenen Verständnisblitz erlebten, der es ihnen erlaubte, die wahren Schwierigkeiten und Beschwernisse der Kranken wahrzunehmen, zu verstehen und auch mitzufühlen.

In diesem Zusammenhang war es BALINTS Ziel, seine Kollegen so zu schulen, daß sie sich nicht mehr um die sogenannte „traditionelle Diagnose" bemühten, sondern daß sie versuchten, für ihre Patienten eine Art von „Gesamtdiagnose" zu finden. In dieser Gesamtdiagnose sollte der Lebensweg und das Krankheitsbild eines Patienten verstehend miteinander verknüpft und auf eine Kurzformel gebracht werden. Wenn wir uns sogleich im einzelnen mit dem Wesen einer solchen „Gesamtdiagnose" befassen, werden wir bemerken, daß sie fast das extreme Gegenstück zu jener Informationssammlung darstellt, die wir in der „Life-Event-Forschung" nach HOLMES und RAHE finden. Allerdings ist es ratsam, sich bei der Auseinandersetzung mit der „Gesamtdiagnose" und der „Flash-Technik" vor einem Mißverständnis zu schützen: Wir können wichtige Ausführungen über die angestrebte ideale Gesamtdiagnose in dem von E. BALINT und S. R. NORELL herausgegebenen Buch „Fünf Minuten pro Patient" nachlesen, und wer sich nicht im einzelnen in die vorliegenden Zusammenhänge vertieft, könnte auf den Gedanken kommen, daß ein Arzt den „Verständnisblitz" für seinen Patienten auch ohne psychoanalytische Kenntnisse und Erfahrungen erleben kann. Dieses Mißverständnis liegt um so näher, als BALINT selbst oft geäußert hat, daß er die Ärzte in seinen Gruppen nicht zu Analytikern ausbilden wolle und daß er ihnen auch keine Einführung in die Psychoanalyse gäbe. Diese Meinungsäußerung von BALINT kann gewiß nur auf einem bestimmten historischen Hintergrund verstanden werden. Untersuchen wir aber die Beispiele genauer, die in dem Buch „Fünf Minuten pro Patient" in dem Kapitel von MAX B. CLYNE unter dem Titel „Die Diagnose" zu finden sind, dann sehen wir sofort, in welchem Umfang die Ärzte in BALINTS Seminaren darin geschult wurden, jene Tatbestände wahrzunehmen und einzuordnen, die dem theoretischen Gebäude der Psychoanalyse zugrunde liegen.

Um dies zu belegen, gehe ich einmal auf zwei Beispiele aus dem genannten Kapitel von MAX B. CLYNE ein:

Beispiel 1:

Fräulein Exford – von Dr. Scarlet behandelt

Traditionelle Diagnose:	Wünscht Schwangerschaftsunterbrechung, Akne
Gesamtdiagnose:	Ein Mädchen mit geringem Selbstbewußtsein. Durch eine falsche Mutter-Tochter-Beziehung belastet. Sie weiß, daß sie möchte, daß Männer sich um sie kümmern, kann aber nur oberflächliche, kurzlebige Beziehungen anknüpfen. Diese bestätigen sie zwar in ihrer Weiblichkeit, jedoch nicht stark genug, um ihr die Kraft zu geben, die Schwangerschaft auszutragen. Sie ist eine unglückliche Person, die andere Menschen dazu zwingt, sie unhöflich abzuschieben.

Beispiel 2:

Herr Baldock – Dr. Greene

Traditionelle Diagnose:	Bandscheibenläsion
Gesamtdiagnose:	Ein Mann, der sich als Versager fühlt. Er könnte einen besseren Posten ausfüllen, er ist homosexuell, ist stark an seine Mutter und andere weibliche Verwandte gebunden, wütend über seine manipulierende Mutter; aber er selbst versucht auch, den Arzt zu manipulieren. Er wünscht sich einen Arzt, der seine „schmutzigen" Krankheiten (er hatte Syphilis) tolerieren und ihm zugleich erlauben kann, statt dessen eine Streßkrankheit wie die Rückenschmerzen zu haben.

Es ist wohl nicht zu übersehen, daß eine solche „Gesamtdiagnose" nicht innerhalb von fünf Minuten erarbeitet werden kann und daß sie auch alles andere eher ist, als die schlichte Auswertung des normalen alltagspsychologischen Wissens eines Arztes.

Die Kurzformel, mit deren Hilfe hier die beiden Patienten beschrieben worden sind, bedienen sich zwar nicht der standardisierten Kunstsprache der Psychoanalyse. Andererseits haben sie ihren Sinn und Wert doch nur im Hinblick darauf, daß psychoanalytisches Wissen in diese Beschreibung eingegangen ist. Bei etwas genauerer Betrachtung ist das leicht nachzuweisen.

Beispiel 1:

„Eine Frau mit geringem Selbstbewußtsein" (die Innenbefindlichkeit der Frau wurde sicher durch lange Beobachtung geprüft). „Durch eine falsche Mutter-Tochter-Beziehung belastet" (die spezielle Familiengenese wurde in die Beobachtung einbezogen). „Die andere Menschen dazu zwingt, sie unhöflich abzuschieben." (Hier wird zunächst die Existenz und die Konsequenz einer neurotischen zwischenmenschlichsn Konstellation beschrieben. Danach wird das „neurotische Arrangement" erläutert, das sich aus dieser Konstellation ergibt.)

Ein Gleiches gilt für Beispiel 2:

„Ein Mann, der sich als Versager fühlt" (auch hier wurde das Selbstwertgefühl des Patienten erkundet). „Er könnte einen besseren Posten ausfüllen" (die Realsituation des Patienten und seine vermutete Leistungsfähigkeit im Arbeitsbereich wurden diagnostisch eingeschätzt). „Er ist homosexuell." (Der Triebbereich wird in die Beobachtung einbezogen.) „Er ist stark an seine Mutter und andere weibliche Verwandte gebunden." (Die genetisch bestimmten Gefühlsbindungen des Mannes müssen sehr sorgfältig beobachtet und eingeschätzt worden sein.) „Er ist wütend über seine manipulierende Mutter, aber er selbst versucht auch den Arzt zu manipulieren" (hier handelt es sich um einen Hinweis auf die Identifikation des Patienten mit seiner Mutter und der zugehörigen „Übertragungsreaktion" auf den Arzt).

Es liegt auf der Hand, daß die beiden behandelnden Ärzte sehr differenzierte Informationen über ihre Patienten gesammelt haben mußten, die dann in den Gruppendiskussionen mit Hilfe von psychoanalytischem Basiswissen geordnet wurden. Erst mit Hilfe dieser psychoanalytischen Grundkenntnisse wurde schließlich jene Kurzformel über die Patienten erarbeitet, die hier als die „Gesamtdiagnose" im Gegensatz zur „traditionellen Diagnose" dargestellt worden ist. Die Ärzte jener Arbeitsgruppen wurden jedenfalls unter psychoanalytischen Aspekten geschult und waren schließlich befähigt, unter anderem das Selbstbewußtsein und die berufliche Leistungsfähigkeit ihrer Patienten einzuschätzen. Sie versuchten, die Beziehung ihrer Patienten zur Herkunftsfamilie und damit die Folgen früher genetischer Einflüsse zu verstehen, und sie leiteten dann schließlich aus diesem Verständnis auch ein Urteil über die aufkommenden Übertragungserlebnisse ihrer Patienten und die spezifische Arzt-Patienten-Beziehung ab.

Gewiß haben die Ärzte in Balints Seminaren ihre Kenntnisse nicht im Rahmen systematischer Vorlesungen über psychoanalytische Grundkenntnisse erworben. Ihre Schulung vollzog sich praxisnah und baute auf der konkreten Erörterung der Lebensgeschichte bestimmter Patienten und ihrer Beschwerden auf. Aber die von dieser Arbeitsgruppe empfohlene „Gesamtdiagnose", die die „traditionelle Diagnose" ersetzen soll, ist niemals ohne sehr umfassende psychoanalytische Grundkenntnisse zu erarbeiten. In diesem Zusammenhang kann ich sagen, daß es mit zu den Zielen der hier vorgelegten Studie gehört, dem praktizierenden Allgemeinarzt ebenso wie dem angehenden Psychoanalytiker eine gewisse Orientierungshilfe anzubieten, die es ihm erlaubt, die hier gesuchte „Gesamtdiagnose" zu finden, um mit ihrer Hilfe den Gegenwartskonflikt des Patienten, seine neurotische Charakterbildung und seine bisherige Lebensgeschichte in einer übersichtlichen Kurzformel zusammenzufassen.

C. Der Gegenwartskonflikt und seine Vorgeschichte – die Merkmale einer neurotischen Charakterbildung

Allerdings taucht bei einem solchen Anliegen zunächst einmal die Frage auf, wie man den Gegenwartskonflikt eines Patienten am zuverlässigsten verstehen und erfassen kann: Jeder Mensch, jedes Kind ist ja zunächst einmal ohne sein eigenes Zutun in einen bestimmten Lebensrahmen hineingestellt. Kommt ein Patient mit neurotischen Krankheitszeichen zum Arzt, dann hat er bereits einen Teil seines persönlichen Lebensweges hinter sich, hatte Kämpfe zu bestehen, Verluste hinzunehmen, konnte Chancen nutzen und hat ein Repertoire an Reaktions- und Bewältigungsstrategien gelernt und entwickelt, die ihm eine Lebensbalance ermöglichen. Er hat seine innere Welt mit Hoffnungen und Sehnsüchten, Wünschen und Ängsten, mit richtigen oder falschen Meinungen über das Leben. Das Wechselspiel zwischen seiner inneren und seiner äußeren Welt macht sein Dasein aus. Dabei bedingen die neurotischen Dynamismen, denen er unterliegt, zugleich seine Krankheit, und kein neurotischer Lebenskonflikt kann verstanden werden, wenn nicht zuvor auch die zugehörigen neurotischen Persönlichkeitsmuster des Patienten deutlich geworden sind. Für die richtige Einordnung aller hierhergehörigen Informationen, die ich jetzt im folgenden zusammenstellen will, soll zunächst ein wichtiger Satz am Anfang stehen, dessen Inhalt in keinem der weiteren Kapitel vergessen werden darf:

Es gibt *keine* Reaktionsweise eines Menschen, der man gewissermaßen schon von weitem ansehen könnte, daß sie der Ausdruck einer neurotischen Charakterbildung ist. Das gesamte Verhaltensrepertoire, das einen Menschen charakterisiert und das er zur Verfügung hat, um Lebensschwierigkeiten zu bewältigen, um Bindungen und Kontakte einzugehen, um Pläne zu verwirklichen oder um Gefahren auszuweichen, kann zum sogenannten „normalen" allgemein menschlichen Verhalten gehören. Wenn wir wissen wollen, ob wir es mit einem neurotischen Element in dem Persönlichkeitsmuster eines Kranken zu tun haben, dann müssen wir ausfindig machen, ob es sich um Reaktionsweisen handelt, die *unverschieb-*

lich sind und die als *erstarrtes Verhaltensstereotyp* so fixiert sind, daß sie sich auch in Situationen melden, in denen sie nutzlos oder gar nachteilig und unangemessen sind.

Wenn ich also später etwa von neurotischen Bindungsformen oder neurotischer Arbeitsweise sprechen werde, dann werde ich gewiß auch immer wieder einmal daran erinnern, daß ein bestimmtes Verhalten, das wir als die Folge einer neurotischen Einengung beschreiben, unter anderen Bedingungen und bei einem anderen Menschen eine gänzlich angemessene Reaktion sein kann, der keine pathogene Bedeutung zukommt und die auch keine pathogene Wirkung entfaltet.

Was wir aber zusätzlich über die Beobachtung und Beurteilung von *neurotischen Verhaltensweisen* einschätzen müssen ist folgendes:

Neurotisch geschädigte Patienten haben in aller Regel auch ein verzerrtes und *verformtes Weltbild.* Sei es, daß sie als Folge einer neurotischen Wahrnehmungsauslese nur bestimmte Elemente in ihrer Umgebung registrieren. Sei es, daß sie in ihrer Umgebung Vorgänge vermuten und wahrzunehmen glauben, die gar nicht oder nur in Spuren vorhanden sind und die sie als „Projektion" der eigenen inneren Welt in die Umgebung hineinverlagern. Darüber hinaus kann auch das Wissen um übliche soziale Spielregeln verlorengegangen sein und die Möglichkeit, fremde Motivationslagen so zu beachten und einzuschätzen, daß die eigenen Interessen nicht geschädigt werden.

Nur zur Illustration seien hier als Beispiele erwähnt, daß ein Patient etwa Feindseligkeiten spüren und vermuten kann, wo Neutralität herrscht. Daß er die Motivationslage und auch die Härte eines Arbeitgebers oder Vorgesetzten für weicher hält, als sie ist und sich durch querulatorisches Verhalten um eine gute Arbeitsatmosphäre bringt. Oder daß ein Mensch grundsätzlich damit rechnet, von anziehenden potentiellen Liebespartnern zurückgewiesen zu werden, so daß er schon vorab selbst ein zurückweisendes Verhalten an den Tag legt, das der (erhofften) Werbung gar keinen Raum mehr läßt.

Neben festgelegten und erstarrten neurotischen Reaktionsmustern und der verformten Welteinschätzung müssen wir dann noch als Drittes herausfinden, welche *möglichen Reaktionsweisen* einem Patienten *fehlen*:

Jeder Mensch hat ein nicht kleines Repertoire von Verhaltensmöglichkeiten, die ihm helfen, sich in schwierigen Situationen zurecht zu finden oder bei neuen und chancenreichen Gelegenheiten die passenden Schritte zu tun. Im Prinzip gibt es bei dem neurotisch Kranken zwei Vorgänge, die dazu geführt haben können, daß sein Verhaltensrepertoire eingeschränkt ist: Entweder hat er bestimmte Reaktionsmöglichkeiten niemals positiv an Vorbildern erlernen können (z. B. inkompetente Eltern, die sich in keiner Lebenslage zu helfen wußten) oder er war Einflüssen ausgesetzt, die dazu führten, daß ihm bestimmte Erlebens- und Verhaltensmöglichkeiten als Folge von Verdrängung und Abwehrmechanismen abhanden gekommen sind.

Für das Verständnis der inneren Welt eines Patienten ist es also hilfreich, die eben erwähnten drei Problemkreise im Sinn zu behalten:

- Verzerrtes und verformtes Erleben der umgebenden Welt.
- Neurotische Reaktionsmuster, die sich zum Schaden des Patienten in Situationen melden, in denen sie nicht hilfreich sind.
- Fehlende Bewältigungsstrategien, die den zugehörigen Triebabwehrmechanismen zum Opfer gefallen sind.

Abgesehen von dieser Art des Verständnisses für die Erlebniswelt eines Patienten geht es dann natürlich um die besonderen Konflikte, mit denen der Kranke ringt, wenn er zum Arzt kommt. Theodor Reik hat vor Jahrzehnten die Formulierung geprägt, daß das „Hören mit dem dritten Ohr“ die verstehende Beziehung des Therapeuten zum Patienten leiten müsse. Zu diesem „Hören mit dem dritten Ohr“ gehört es ganz gewiß, daß der Therapeut sich nicht nur beobachtend und beurteilend mit dem Patienten auseinandersetzt, sondern daß er auch in der Lage ist, sich gefühlsmäßig auf ein umfassendes Verständnis des Kranken einzulassen. Hier sind dem Kräftemaß des Arztes sicherlich bestimmte Grenzen gesetzt. Aber sofern das Kräftereservoir reicht, wird sich der Therapeut im Verlauf eines Gesprächs immer wieder einmal fragen, was ein Patient ihm im Augenblick vielleicht noch zusätzlich anvertrauen will und ob er selbst seine Anteilnahme an den vermuteten Problemen signalisieren soll. Oder er wird spüren und bedenken, daß der Kranke die ihn belastenden Erlebnisse zunächst noch vorsichtig zurückhalten möchte, so daß ein drängendes Weiterfragen nicht angebracht ist und die Gesprächssituation nur stören würde. In jedem Fall wird dieses „Hören mit dem dritten Ohr“ für den Arzt um so leichter werden, je reicher sein Wissen über Lebensformen und Lebensentwicklungen ist. Die Begleitgedanken, die sein zuhörendes Verstehen und damit die Berichte des Patienten produktiv fördern können, haben – als Fragen formuliert – etwa folgende Inhalte:

- Wie sicher oder wie angekränkelt ist das Gefühl der eigenen Identität bei dem Patienten?
- Wie sieht sein Selbstverständnis aus?
- Was traut er sich zu, was plant er, welche Talente stehen ihm zur Verfügung, welche Schwächen behindern ihn?
- Mit wem lebt der Patient, was hat er bereits erlebt und worauf kann er zurückblicken?
- In welchem Lebensrahmen spielen sich zur Zeit die aktuellen Konflikte ab?
- Wo haben sie ihre Wurzeln?
- Wie deutlich oder wie undeutlich ist das Gefühl des Patienten selbst, daß seine innere Lebensbalance gestört ist?

Die Psychoanalytiker haben Jahrzehnte hindurch mit dem „ödipalen Konflikt" die Auseinandersetzung eines Menschen mit seiner Herkunftsfamilie – mit Vater und Mutter – in den Mittelpunkt ihrer Aufmerksamkeit gestellt. Es war nicht unbedingt ein Vorteil für das Verständnis der lebensgeschichtlichen Entwicklung eines Kranken, als sich eine bestimmte Arbeitsrichtung auf die verkürzte Formel der „Mutter-Kind-Beziehung" einließ. Wie alle vereinfachenden Formeln wurde dieses Konzept zwar sehr populär, hatte aber naturgemäß den Nachteil aller Vereinfachungen: Man verlor das vielschichte Beziehungsgefüge aus den Augen, das ein heranwachsendes Kind mit Eltern und Geschwistern erlebt und aus dem sich später die vorgeformten Erlebnismuster ergeben, die seinen weiteren Lebensgang beeinflussen.

Mein eigener Beitrag zu den Problemen der lebensgeschichtlichen Entwicklung eines Menschen ging und geht schon lange dahin, daß ich nicht nur die Verkürzung auf die „Mutter-Kind-Beziehung" verhindern wollte. Ich wollte darüber hinaus allen meinen Lesern verdeutlichen, daß die Zwei-Generationen-Problematik der „ödipalen Konstellation" für unser Arbeitsfeld eine unvertretbar enge Begrenzung hervorruft: Wir dürfen uns nicht damit begnügen, daß wir die Beziehung eines Patienten zu seinen Eltern verstanden haben. Wir müssen uns über seine innerseelische Entwicklung immer so orientieren, daß wir den lebensgeschichtlichen Rahmen mindestens auf die *„Drei-Generationen-Familie"* ausdehnen. Denn nur wer verstanden hat, wie die Lebensordnung der Eltern eines Kranken aussah, als der Patient geboren wurde und er seine ersten Lebenserfahrungen machte, nur der kann wirklich verstehen, unter welchen Einflüssen und Wirkkräften dieser Patient, der jetzt vor ihm steht, herangewachsen ist.

Ich führe nachstehend die wichtigsten Lebensbereiche auf, in denen wir bei einem Patienten die Quelle für neurotische, krankheitsauslösende Konflikte suchen müssen. Aus guten Gründen befaßt sich bereits das zweite Kapitel mit den Problemen der *Herkunftsfamilie*, die in jedem Fall einen hervorgehobenen Stellenwert im Leben eines Patienten hat.

1. Partnerwahl, Bindungsverhalten u. Familienleben
2. Die Herkunftsfamilie
   Das Drei-Generationen-Konzept
3. Berufsprobleme
   Arbeits-, Lern- u. Leistungsverhalten
4. Besitzverhältnisse
5. Der umgebende sozio-kulturelle Raum
   Gruppenzugehörigkeiten,
   religiöse,
   nationale,
   politische,
   künstlerische etc.

Nun wäre es allerdings recht naiv, wenn wir jede irgendwann einmal auftauchende Schwierigkeit im Leben eines Menschen, jeden nur denkbaren Konflikt bereits zu einem „neurotischen Konflikt" stempeln würden. Die folgende Einteilung soll dazu beitragen, daß wir uns vor einem solchen Irrtum schützen:

1. Der „normale" Konflikt

Von einem normalen Konflikt wäre immer dann zu sprechen, wenn die innerseelischen oder zwischenmenschlichen Schwierigkeiten den Beteiligten bewußt sind und wenn die aufgekommenen widerstreitenden Interessen durch Aussprachen, Abwägen und gegebenenfalls durch Kompromisse ausgeglichen werden können.

2. Der „antinomische" Konflikt

Der antinomische Konflikt ist mit der Schwierigkeit belastet, daß die aufgetauchte Gegensätzlichkeit widerstreitender Impulse und

Interessen in gewisser Weise *unaufhebbar* ist. Die angestrebte und schließlich auch erzielte Lösung des Konfliktes kann immer nur dadurch zustande kommen, daß ein wesentliches Bedürfnis *aufgegeben* werden muß. Die gefundene Lösung kann daher auch nicht jenen Anteil an Befriedigung mit sich bringen, die den normalen Kompromiß nach einer Auseinandersetzung oft begleitet. Die Lösung eines antinomischen Konfliktes ist nur allzu oft von der Schärfe und Bitterkeit eines erheblichen Verzichts geprägt. Beispiel: Die Entscheidung einer Frau für Ehe, Familie und Kinder bedeutet oft den Verzicht auf berufliche Tätigkeit und „Karriere" (oder umgekehrt).

3. Der „tragische" Konflikt

Der tragische Konflikt kann in mancher Hinsicht als die „existentielle Variante" des antinomischen Konfliktes angesehen werden: Der Widerstreit zwischen gegensätzlichen Impulsen, Interessen oder Werten dreht sich um eine Situation, in der in jedem Fall die Entscheidung – wie immer sie auch ausfallen mag – *ein Unglück* bedeutet. Zum Beispiel im extremen Fall: Schonung und Rettung des eigenen Lebens auf Kosten von Gesundheit und Leben eines anderen nahestehenden Menschen (und umgekehrt).

4. Der „neurotische" Konflikt

Zu den charakteristischen Merkmalen eines neurotischen Konfliktes gehören unterschiedliche Eigentümlichkeiten: Zum einen müssen wir damit rechnen, daß ein Patient mit einer Lebensschwierigkeit konfrontiert wird, die er nur mit einem sehr festgelegten neurotischen Reaktionsmuster beantwortet, so daß er nicht imstande ist, die gegebene Situation wirklich zu verstehen, unterschiedliche Lösungsmöglichkeiten in Erwägung zu ziehen und gegebenenfalls einen Kompromiß zu suchen. Sehr häufig entsteht ein neurotischer Konflikt überhaupt erst dadurch, daß der Patient die gegebene Wirklichkeit wegen seiner neurotischen Wahrnehmungsauslese nicht richtig einordnet und daher mit Verhaltensweisen reagiert, die zu der vorliegenden Situation nicht passen. Beispiel: Ein Patient fühlt sich in harmlosen oder sogar freundlichen Situationen angegriffen und herabgesetzt. Er geht zur Attacke über und schafft sich auf diesem Weg tatsächlich „Feinde" in Menschen, die spontan keine Feinde wären. Eine Klärung der Situation ist deshalb nicht möglich, weil der „Feind“ keine feindlichen Gefühle empfindet, die er abbauen müßte.

Anderes Beispiel: Ein Patient empfindet einen Rivalen als Freund, bemerkt nicht, daß dieser ihn benutzt und für seine Zwecke einspannt. Er macht die Gegner des „Freundes“ zu seinen eigenen Feinden und ist in einen Rivalitätskampf verwickelt, zu dem er keine eigenen Motive hatte und den er aus neurotischen Gründen auch nicht versteht.

5. Der „verschobene“ neurotische Scheinkonflikt

Die vom Patienten vorgetragene Konfliktsituation existiert zwar, sie ist aber nicht die wirkliche Quelle der Bedrückung, die ihn belastet und pathogen wirkt. Ein neurotisches Selbstmißverständnis hindert den Patienten, die Wurzeln seiner wirklichen Schwierigkeiten zu finden. Da er aber für sein Kausalitätsbedürfnis und für sein Selbstverständnis eine ihm selbst einleuchtende, naheliegende Erklärung braucht, sieht er in dem scheinbar offenkundigen Konflikt das Zentrum seiner Belastungen.

Mit dieser qualitativen Unterscheidung unterschiedlicher Konfliktsituationen wird es gewiß für jeden Arzt leichter sein, die Bedeutung eines lebensverändernden Ereignisses für einen Menschen verstehend einzuordnen. In bezug auf die Beurteilung der besonderen neurotischen Konflikte benötigen wir allerdings noch einige weitere zentrale Kenntnisse, die sich auf die wichtigsten Grundelemente einer neurotischen Charakterbildung beziehen. Natürlich muß ich es mir aus Raumgründen versagen, hier eine verkürzte „allgemeine Neurosenlehre“ vorzustellen. Die folgende Tabelle bietet immerhin einen gewissen Überblick über die primären Schädigungen eines Patienten, die sekundären Folgen dieser Schädigungen und die kompensatorischen Möglichkeiten, die der Patient suchen kann, um die einmal erlittene Schädigung auszugleichen. Die nachstehend aufgeführten Stichworte aus der Neurosenpsychologie will ich im einzelnen in diesem Kapitel nicht erläutern. Sofern ihre Bedeutung nicht bekannt ist, wird der Leser vielleicht andere weiterführende Literatur mit heranziehen.

1. Primäre Schädigungen

a) Die neurotische Grundangst	Schädigung und Reaktionsformen im Dienst der Angstabwehr
b) Behinderung der Trieb- und Wunschwelt (bezogen auf das psychoanalytische Phasenmodell)	Schädigung und Reaktionsformen im Dienst der Triebabwehr

Intentionale
orale
anale
urethrale
aggressive
sexuelle
} Schädigung

→ Hemmung, Verdrängung, Reaktionsbildung und andere Triebabwehrmechanismen

→ Unbewußt fortwirkende Dynamik der Triebe „Haltungen", „Lücken", „Fixierungen"

2. Sekundäre Folgen der primären Schäden

- Eingeschränkte und verformte Wahrnehmung der Welt
- Eingeschränkte Entwicklung der eigenen Möglichkeiten
- „Fehlerhafte" Reaktionsmuster, die zu der gegebenen Situation nicht passen
- Pathogen wirkende Übertragungsreaktionen bestimmen den Umgang mit anderen Menschen
- Schwierigkeiten, fremde Reaktionsweisen einzuschätzen
- Schwierigkeiten im zwischenmenschlichen Gefühlsaustausch
- Unwissenheit über die Wirkung der eigenen Haltungen
- Störungen im Lern- und Arbeitsvollzug
- Selbstidealisierung und/oder Selbstverachtung
- Neurotischer Wiederholungszwang

3. Kompensatorische Hilfsmittel zum Ausgleich der erworbenen Behinderungen

- „Überkompensatorische" Leistungen
- Neurotisches Vermeiderleben
- Der Neurose angepaßte Partnerbeziehung
- Der Neurose angepaßte Berufsumstände
- Neurotische Ideologiebildung
- Neurotische Religiosität
- Neurotischer Ästhetizismus

4. Die „inneren Formeln" eines Patienten

Diese illustrierende Tabelle gibt in Stichworten einige jener Grundelemente an, die eine neurotische Charakterbildung mit ihren zugehörigen Folgen ausmachen. Wie gesagt, kann es nicht die

Aufgabe dieses Leitfadens zur biographischen Anamnese sein, einen umfassenden Abschnitt über eine allgemeine Neurosenlehre einzufügen. Zur Erläuterung der Tabelle will ich aber darauf hinweisen, daß ich es für richtig halte, die ursprüngliche FREUDsche Theorie von der Triebverdrängung als Kernpunkt einer neurotischen Entwicklung insoweit abzuändern, beziehungsweise so zu erweitern, als ich die Beschreibung der erworbenen „neurotischen Grundangst“ (KAREN HORNEY) oder der erworbenen „Angstreflexe“ (SCHULTZ-HENCKE) mit eingefügt habe. Ohne das Verständnis dieser primären angstvollen Reaktionsweisen mit den zugehörigen Mechanismen der Angstabwehr, die im Verlauf einer bedrohlichen Kindheit aufgesammelt worden sind, verstehen wir die Eigentümlichkeiten einer neurotischen Charakterbildung nicht. Ich gehe dabei nicht so weit wie KAREN HORNEY, die meinte, daß die erworbene „neurotische Grundangst“ für die Entwicklung der Neurose wichtiger sei, als die erworbenen Trieb-Verdrängungen. Andererseits meine ich, daß beide Schädigungen in der Ich-Entwicklung eines Kindes eine Rolle spielen und daß sie gesondert beobachtet und beschrieben werden sollten.

Im übrigen habe ich mich darum bemüht, einen Nachteil zu vermeiden, der vielen Psychoanalytikern bei der Beschreibung von erworbenen neurotischen Charaktermerkmalen unterläuft: Es geschieht nur allzu leicht, daß die Charaktermerkmale der neurotischen Patienten mit einem Anflug von (meist negativer) Wertbestempelung beschrieben werden. So enthalten die Begriffe „Ich-Stärke“ und „Ich-Schwäche“ eine solche Bewertung. Auch Worte wie „Reife“ oder „Unreife“ bei „Fixierung auf infantilen Stufen“ sind Formulierungen, die mit ihrem semantischen Hof eine negative Wertbestempelung anbieten.

Wir sollten aber immer bedenken, daß die erworbenen neurotischen Reaktionsweisen eines Patienten zwar häufig im Erwachsenenalter zu einer wesentlichen Behinderung seiner Selbstentfaltung geführt haben. Daß sie aber in jungen Kinderjahren durchaus eine Art schöpferischer Selbstregulierung gewesen sein können, die das Kind oder den heranwachsenden Jugendlichen einmal davor bewahrt hatten, in der ihm vom Schicksal zugeteilten Umwelt gänzlich unterzugehen.

Im folgenden will ich nun von jenen variablen Konfliktkonstellationen sprechen, die im Leben eines Menschen entweder akut oder als chronischer neurotischer Dauerkonflikt zum krankheitsauslösenden

Faktor werden können. Einzelne Fallbeispiele werden mir dabei helfen, um den Zusammenhang zwischen Krankheitsgeschehen und neurotischer Lebensentwicklung zu illustrieren. Zuvor will ich aber noch einmal auf meine schon früher (1972) dargelegte Empfehlung zurückkommen, die vorschlägt, das Verständnis für die Innenwelt eines Patienten auch noch dadurch zu bereichern, daß man die persönlichen „inneren Formeln" zu erfassen sucht, mit denen dieser Patient im eigenen Selbstverständnis seinen Platz in der Welt gefunden hat. Nach meiner Ansicht verdichtet sich in dem, was ich die „inneren Formeln" eines Menschen genannt habe, das Ergebnis einer abgelaufenen neurotischen Lebensentwicklung, mit all jenen Selbsteinschätzungen, Schutzautomatismen und Bewältigungsformen mit denen ein Patient innerlich lebt. Ich habe diesen „inneren Formeln" eines Menschen in der vorgelegten Tabelle bereits einen Platz zugeteilt und will sie hier kurz mit einigen illustrierenden Beispielen erläutern:

So gibt es Menschen, die ihre Beziehung zu anderen oder ihren Platz in der Welt damit beschreiben, daß sie sagen: „Ich fühlte mich immer als das fünfte Rad am Wagen." Oder es heißt: „Ich war immer das schwarze Schaf." Oder Patienten sagen: „Ich mußte immer dafür sorgen, daß alles wieder in die Reihe kam." Oder: „Ich bin tüchtig und pflichtbewußt, aber das hat mir noch keiner gedankt." Oder: „Ich war immer die Kleine, Liebe, die man nicht belasten durfte." Oder: „Ich habe bei Frauen nunmal keinen Schlag." Oder: „Wenn ich eine Beziehung abbreche, dann wartet an der nächsten Ecke schon der Neue." Oder: „Ich sage eben immer die Wahrheit und mache mich damit unbeliebt; die Menschen können die Wahrheit einfach nicht vertragen."

Wer darin geschult ist, solche Kurzformeln aufzunehmen, in denen sich das Selbstverständnis eines Patienten ausdrückt, der gewinnt in der Regel eine große Hilfe: Ihm wird das „Beziehungsangebot" deutlich, daß Patienten – oft ohne es selbst zu merken – den Menschen ihrer Umgebung machen, ihr Umgangsstil und die vorweggenommenen Erwartungen, die sie an ihren Schicksalsablauf haben. Und da sich diese (oft nachteilig gefärbten) Erwartungen an das Lebensschicksal tatsächlich häufig genug im neurotischen Arrangement oder im neurotischen Wiederholungszwang erfüllen, bietet uns das Verständnis dieser „inneren Formeln" auch einen wichtigen Einblick in den Zusammenhang zwischen der inneren Welt eines Patienten und den jetzt anschließend zu besprechenden Lebenskrisen und Konfliktkonstellationen.

D. Konfliktkonstellationen in verschiedenen Lebensbereichen

I. Persönliche Bindungen, Liebesbeziehungen und Familienleben

Die Life-Event-Forscher hatten bei der Durchführung ihrer Untersuchungen der *Heirat* eine ganz zentrale Mittelstellung gegeben und daher ihre Probanden gebeten, die gesuchte Bewertung wichtiger Lebensereignisse auf jenen Stellenwert zu beziehen, den eine Heirat für sie hatte. Bei dieser Studie erhielt der Tod des Ehepartners den doppelten Wert (100). Scheidung oder Trennung rangierten danach, hatten aber immer noch einen erheblich höheren Punktwert als die Heirat. Dem Verlust des Arbeitsplatzes wurden noch einige Punkte weniger zugewiesen als der Heirat.

Diese Ermittlungen wurden im amerikanischen Kulturbereich der 60er Jahre erhoben. SCHULTZ-HENCKE, der vierzig Jahre früher im Nachkriegsdeutschland der 20er Jahre schrieb, begann die Liste der aufgeführten Konflikte mit der Frage nach dem Verlust von Erwerb, Geld oder Existenz und spiegelte damit das zentrale Problem dieser Epoche in Deutschland wider. Gleich nach dem Verlust von Erwerb oder Existenz nannte er den Verlust von Frau, Mann oder Kind und fügte danach das Thema der *Rivalität* hinzu. („Hat ein anderer ihn übertroffen".)

Diese Bewertung von Schicksalsereignissen oder Schicksalsschlägen entspricht gewiß dem allgemeinen Empfinden vieler Menschen. Der Verlust von Bindungen mit den zugehörigen Konflikten, aber auch die Aufnahme von neuen Beziehungen gehören zu den existentiellen Lebensveränderungen oder gar Erschütterungen, die ein Mensch durchleben kann. Bei der jetzt folgenden Darstellung von Konfliktkonstellationen, die den Ausbruch einer neurotischen Krankheit veranlassen können, werde ich mich an eine bestimmte Gliederung halten, die die Orientierung über die vielschichtig miteinander verknüpften Lebensprobleme eines Menschen erleichtert. Es handelt sich dabei natürlich jeweils nur um Stichworte, die das auslösende Lebensereignis bezeichnen.

1. Partnerwahl und Bindungsverhalten
2. Die Aufnahme einer neuen Beziehung
3. Besondere sexuelle Konflikte in einer Partnerschaft
4. Das Auftauchen von Rivalitätskonflikten, Macht- und Geltungsansprüchen in einer Beziehung
5. Konflikte in bezug auf Besitz, Eigentum oder sonstiger „oraler" Problematik
6. Die Beziehung zu den eigenen Kindern
7. Verluste durch Trennung
8. Verluste durch Tod

In bezug auf die Rangfolge von Lebensereignissen, die ich hier aufgestellt habe, ist zweierlei zu sagen: Zum einen spiegelt sie *nicht* die Wichtigkeit der verschiedenen Lebensereignisse wieder. Jedenfalls nicht mit Hinblick auf die Gewichtung der „Lebensereignisse" von HOLMES und RAHE. Zum anderen unterscheiden sich die Themen und Konflikte, die besprochen werden, insofern, als wir einerseits deutlich abgrenzbare, *neu* aufgetauchte Lebensereignisse haben. Daneben gilt es aber auch Themen, die eher zu einem neurotischen *Dauerkonflikt* werden, der sich zwar gelegentlich zuspitzen kann, der aber der Grundtendenz nach eine beständig zermürbende Wirkung entfaltet.

Zugleich sollte ich wohl hervorheben, daß uns in diesem Kapitel die Psychodynamik der neurotisch determinierten Isolierung und Einsamkeit nicht im einzelnen beschäftigen wird, obgleich sie das zentrale Thema und Problem vieler neurotisch erkrankter Patienten ist. Dieser speziellen Frage begegnen wir später nur in dem Zusammenhang, in dem wir einschätzen wollen, ob die neue Beziehung, die ein Mensch eingegangen ist, ihre große Wichtigkeit dadurch erhält, daß existentiell erlebte Einsamkeit aufgehoben werden soll.

1. Partnerwahl und Bindungsverhalten

Befassen wir uns jetzt zunächst mit dem Thema der *Partnerwahl* und dem Bindungsverhalten allgemein, dann empfiehlt es sich immer, daß wir die wichtigsten neurotischen Determinanten kennen, die die Partnerwahl einmal bestimmt haben. Dieses Wissen gibt uns Hinweise dafür, in welchen Erlebnisbereichen bei den betroffenen Patienten neurotische Krisen auftauchen können. Zugleich verstehen wir leichter, ob die Bindungsverluste und Trennungen, mit denen sich ein Patient vielleicht auseinanderzusetzen hatte, schon beim Eingehen der Bindung gewissermaßen *vorprogrammiert* gewesen sind, und daher bereits damit zu rechnen war, daß die neurotischen Determinanten der Partnerwahl später einmal ihre unheilvolle Wirkung entfalten würden.

Mit der nachstehenden Tabelle fasse ich also als erstes die wichtigsten Varianten neurotischer Bindungsmuster und neurotisch determinierter Partnerwahl zusammen und füge auf der folgenden Seite eine weitere Tabelle an, die einen Überblick über jene Probleme vermittelt, die immer dann eine Rolle spielen können, wenn die Partnerbeziehung zu einer *Ehe* geführt hat.

Neurotische Partnerwahl

Übertragungskonstellation

Vater	
Mutter	} ***Übertragung***
Bruder	
Schwester	

Neurotische Dominanz — Unterwerfungskonstellation
Neurotische Fürsorge / Schutz — Abhängigkeitskonstellation
Sado-masochistische Bindung
Nähe-Distanzproblematik
Unbewußte Trennungstendenzen (Trennungsarrangement)
Neurotische Anklammerung
Neurotische „Dreiecksbeziehung"
Narzißtische Selbstbestätigung
Eine Wahl „unter Niveau"

Wie gesagt, enthält die Tabelle über neurotische Partnerwahl Stichworte, die einmal die wichtigsten neurotischen Beziehungsmuster (und die zugehörigen Verhaltensweisen) bezeichnen sollen, zum anderen aber auch Hinweise auf bestimmte Motivationslagen, die bei der Aufnahme der Beziehung wirksam gewesen sind. Die Begriffe „Übertragungskonstellation", „narzißtische Selbstbestätigung" und „eine Wahl unter Niveau" beziehen sich mehr auf die vorliegende *Motivationslage* des Menschen, als er die Bindung eingegangen ist. Die Begriffe „Dominanz-Unterwerfung", „Schutz-Abhängigkeit", „sado-masochistische Bindung", „Nähe-Distanz-Problematik", „unbewußte Trennungstendenzen", „neurotische Anklammerung" und „neurotische Dreiecksbeziehung" bezeichnen vorwiegend den *Umgangsstil*, charakteristische Reaktionsweisen und neurotische Angstreaktionen, die eine Partnerbeziehung färben können.

Die Probleme einer Eheschließung werden allerdings besser etwas anders angeordnet:

Eheprobleme

A. Die Gefühlslage bei der Eheschließung

1. Flucht aus dem Elternhaus (Schutzsuche)
2. Protestehe
3. Sexuelle Faszination
4. Narzisstische Selbstbestätigung
5. Neurotische Erwartung an den/die Partner/in
   z.B. Delegation eigener Impulse an den/die Partner/in
6. Kompromissehe
7. Vernunftehe

B. Lebensgewohnheiten und Umgangsstil

C. Soziale Lage der jeweiligen Primärfamilie

Bei meinen Erläuterungen zu den von mir ausgewählten Begriffen will ich nicht allzu sehr ins Detail gehen, aber doch einige wichtige Hinweise geben:

Wenn wir uns dem Thema der *Übertragungskonstellationen* zuwenden, dann sollten wir zunächst ganz grundsätzlich bedenken, daß es gewiß eher die *Regel* als die Ausnahme ist, wenn sich bei einem Menschen in seinen späteren Liebesbindungen die vertrauten Vorerlebnisse seiner Kinderjahre auswirken. Schließlich ist auch die Fähigkeit, Zuneigung und Sympathie zu empfinden, Vertrauen zu fassen und mit einem Partner auch dann zusammenzuhalten, wenn sich Konflikte melden, eine Folge der (positiven) Früh- und Vorerfahrungen aus der Kinder- und Jugendzeit. Zudem sind neurotische Übertragungsmechanismen keineswegs immer destruktiv. Hier geht es schließlich (wie bei allen dauerhaften Bindungen von zwei Menschen) – um mit FONTANE zu sprechen – nicht vorwiegend um die Frage „nach der Perfektion in der einen oder anderen Richtung". Vielmehr geht es darum, „ob es paßt".

Wichtig ist allerdings, was im Leben eines Menschen geschieht, wenn es einmal gepaßt hat, und dann später „nicht mehr paßt". Oder wenn es einmal gepaßt hat, in mancher Hinsicht sogar immer noch paßt, aber dann *zugleich* doch auch „nicht mehr paßt".

Die Antworten auf alle diese Fragen wären, um noch einmal FONTANE zu zitieren, „ein weites Feld". Bei der Beobachtung von Menschenschicksalen begegnen wir ihnen auf Schritt und Tritt. So werde ich später über zwei stark verkürzte, dafür aber illustrierende Biographien berichten, in denen sich die Partnerwahl nach wichtigen Bindungserlebnissen der Kinderzeit gerichtet hat (Bruderübertragung). In dem einen Fall haben diese Vorerfahrungen das Zusammenleben getragen und gefördert. In dem anderen Fall bedingten sie die Auflösung der Bindung.

Eine schon fast regelhaft vorprogrammierte Krisensituation in einer Partnerbeziehung, die wohl am häufigsten zu Trennung und Lösung führt, finden wir bei jenen Bindungen, die ich unter dem letzten Stichwort mit dem Begriff „eine Wahl unter Niveau" aufgeführt habe. Die Probleme dieser Bindungsform finden sich in der Tabelle über Ehesituationen unter dem Stichwort der „Kompromißehe" wieder. Die Konfliktträchtigkeit, die einer solchen Beziehung anhaftet, veranlaßt mich, meine Erläuterungen mit einer Darstellung dieser speziellen Situation zu beginnen:

Die neurotisch determinierte „Wahl unter Niveau" kommt nach allen Erfahrungen immer dann zustande, wenn eine Frau oder ein Mann mit einem tief verletzten Selbstwertgefühl leben: In der Vorstellung, daß sie selber nichts wert seien (nicht attraktiv genug, nicht klug genug, nicht vermögend genug), meinen sie, daß sie die Ansprüche, die sie eigentlich an eine Partnerin oder an einen Partner hätten, entweder gar nicht stellen dürften oder doch nicht erfüllt bekämen. Diese Menschen entschließen sich dann unter Umständen dazu, eine Bindung einzugehen oder eine Werbung von einem Menschen anzunehmen, dessen Mängel sie sich dann mehr oder weniger unbewußt aus neurotischen Gründen verleugnen. Zugleich neigen sie dazu, diesen Partner in unbewußter neurotischer Kompensation dieses Verleugnungsvorganges „hochzuidealisieren".

So kann eine Patientin erzählen, daß sie in einen Mann sehr verliebt gewesen ist, den sie „ganz toll gefunden hat", der sie aber nicht wollte und zurückwies. In der neurotischen Vorstellung, daß sie überhaupt nie einen Mann für sich gewinnen könnte, der ihren Vorstellungen entsprechen würde, heiratete sie einen anderen Mann aus der Jugendlichen-Clique, der sich um sie bemüht hatte, der aber ein scheuer Einzelgänger war und in den Augen der übrigen kaum Chancen hatte, ein Mädchen für sich zu gewinnen. Die Patientin verleugnete vor sich die negativen Seiten ihres späteren Mannes und betonte vor sich und anderen, daß seine menschlichen Eigenschaften so hervorragend wären, daß sie ihn weit über den Durchschnitt erhöben.

Oder ein Mann erzählt, daß er sich vergeblich um eine sehr attraktive und umschwärmte junge Frau beworben hätte und daß er – abgewiesen – die unansehnliche Freundin dieser Frau heiratete, die immer in deren Schatten gestanden hatte. Der gleiche Mann betont aber nachdrücklich, daß die persönlichen liebenswerten Eigenschaften dieser Frau den Nachteil der „Mauerblümchenexistenz" voll ausgeglichen hätten.

Die typische ungünstige Entwicklung bei einer solchen Wahl „unter Niveau" läuft im allgemeinen auf folgendes hinaus: Die Partnerin oder der Partner, der die „zweite Wahl" gewesen ist, mag im Beginn selbst glücklich gewesen sein, überhaupt eine Beziehung und Bindung zu finden, und mag die Patientin oder den Patienten sehr bewundert haben. Das kränkende Gefühl „zweite Wahl" gewesen zu sein, wird von diesem (wahrscheinlich auch neurotischen Partner) ebenfalls zunächst verdrängt und verleugnet, und beide erleben ihre Beziehung im Anfang positiv. Dann macht sich allmählich das zermürbende Gefühl der Kränkung bei dem „Partner zweiter Wahl" bemerkbar. Bei der Patientin oder dem Patienten selbst setzt sich im täglichen Umgang eine unmutige Kritiktendenz durch, die herabsetzenden und entwertenden Charakter hat. Das Gefühl einer Frau, „ich kriege doch keinen besseren" setzt sich in dem Umgang mit dem Partner in Haltungen um, die besagen, „auch Du bist nicht besser als ich und im Grunde für mich nicht gut genug". Es braucht nicht viel Vorstellungsgabe, um sich auszumalen, wie sich der Alltag und der tägliche Umgang zwischen Menschen entwickelt, die unter diesen Voraussetzungen eine Bindung eingegangen sind. Sofern eine solche Beziehung zur Ehe geführt hat, muß man doch wohl mit einer hohen Trennungs- und Scheidungsrate rechnen. Nach meinen Erfahrungen geht eine solche Trennung dann in der überwiegenden Zahl der Fälle von dem „zweitrangigen" Partner aus, der entweder eine Partnerschaft findet, in der er mehr geachtet wird, oder der es schließlich doch vorzieht, alleine zu leben, als immer die eigenen Unzulänglichkeiten vorgehalten zu bekommen.

Wie ich schon sagte, brauchen wir mit einer solchen vorprogrammierten Konflikt- und Trennungstendenz, wie wir sie bei einer „Wahl unter Niveau“ finden nicht in gleichem Ausmaß zu rechnen, wenn in den Bindungssituationen der Patienten überwiegend Übertragungsgefühle wirksam geworden sind. Ich gebe hierzu einige Erläuterungen:

Die Ehe einer sehr jungen Frau mit einem wesentlich älteren Mann gilt heute schon nach populärer Auffassung als eine Ehe in *Vaterübertragung.* Diese Ehekonstellation – in vergangenen Jahrhunderten von den Eltern junger Frauen sozial sehr gewünscht – ist heute eher die Ausnahme. Sie gilt schon normalerweise als konfliktträchtig und wird es für die junge Frau wohl auch immer zu dem Zeitpunkt, in dem sich die väterliche Überlegenheit des Mannes durch sein Alter schließlich so wandelt, daß Lebensbedürfnisse und die innere Orientierung der beiden stark auseinanderklaffen. Es gehört aber zu den normalen und nicht zu den neurotischen Konflikten, wenn sich jetzt Unterschiede in der Lebenshaltung und Lebensorientierung bemerkbar machen. Es müssen spezifisch neurotische Probleme hinzutreten, um bei einem der Beteiligten psychogene Krankheitszeichen auszulösen.

BEISPIEL: Eine junge 20jährige Frau ist das uneheliche Kind einer sehr jungen Mutter, die von einem zwanzig Jahre älteren verheirateten Mann schwanger wurde. Der alternde Vater hing an der kleinen Tochter sehr, sorgte für sie im Rahmen des erdenklich Möglichen, dies aber unter der Voraussetzung, daß niemand etwas von seiner unehelichen Vaterschaft erfuhr. Das kleine Mädchen war der „versteckte Liebling“ und die herangewachsene junge Frau konstellierte später in ihrem Leben eine ähnliche Situation: Sie warb um ihren 30 Jahre älteren Chef mit 20 Jahren so lange, bis dieser eine sexuelle Beziehung zu ihr aufnahm, sie „arrangierte“ auch eine Schwangerschaft, die sie dem Freund erst verheimlichte und hatte dann später selbst eine „versteckte Tochter“, die Liebling des Vaters wurde. Als der schließlich 60jährige Mann seine Frau durch Tod verlor und die Patientin heiratete, brach bei ihr die Symptomatik aus: Die Erfüllung der bewußten Wünsche machte jene Befriedigung zu nichte, die die Patientin unbewußt aus ihrer neurotischen Bindungssituation gezogen hatte.

Die Heirat in „*Mutterübertragung*“ wird nach gängiger – und ebenfalls populär gewordener Allgemeinpsychologie – in der Regel jenen Ehekonstellationen zugeschrieben, in denen ein Mann eine ältere und fürsorglich eingestimmte Frau heiratet. Auch bei einer solchen Konstellation können die wechselseitigen Erwartungen, Bedürfnisse und gebotenen Befriedigungen dauerhafte und haltbare Stabilität der Beziehung gewährleisten. Die *neurotischen Elemente* wirken sich etwa dann destruktiv aus, wenn die ältere Frau die abhängige Sohneshaltung ihres Partners allmählich lästig findet, ihrer überdrüssig wird und bei dem jüngeren Mann dennoch eine Reife erwartet, die er nicht bieten kann. Ebenso krisenhaft gestaltet sich die Entwicklung eines solchen Paares, wenn der Mann schließlich jenen Reifegrad erreicht, den die Frau auf der bewußten Ebene gesucht hat, dann aber aus neurotischen Gründen doch nicht erträgt.

Im übrigen ergänzen sich natürlich diese allgemeineren Elemente einer Bindung in Vater- oder Mutterübertragung durch die *individuellen* Vorerfahrungen, die ein Mensch in seiner Kindheit an der eigenen Mutter oder am eigenen Vater erworben hat:

Ein Mann, der eine strenge, dominante Mutter gehabt hat, kann seine Partnerin nach diesem Vorbild wählen. Oder er sucht sich eine unruhige, hilflose Frau, die schwierigen Situationen ebenso wenig gewachsen ist, wie es die eigene Mutter war.

Eine Frau kann (trotz lebhaften Protestes) den strengen oder sogar gewalttätigen Vater unvermutet in ihrem selbst gewählten Partner wiederfinden. Oder sie sucht sich den weichen nachgiebigen Mann, der (wie der Vater) für die Familie zwar sorgt, aber alle wichtigen Entscheidungen seiner Ehefrau überläßt.

Neben diesen sehr individuell bestimmten Motivationslagen, die zu einer zeitweiligen oder dauerhaften Bindung führen können, werden dann die charakteristischen neurotischen Beziehungsmuster wichtig, die den *Umgangsstil* und die Verhaltensweisen zwischen zwei Menschen kennzeichnen. Es ist dabei für das Verständnis der Erlebniswelt eines Patienten wichtig, daß wir uns immer wieder daran erinnern, wie komplex die wechselseitige Bindung zweier Menschen in ihren Elementen ist: In aller Regel haben *beide* Partner ein *Gemisch ähnlicher Reaktionsweisen* in sich: So ist es sehr selten, daß bei Menschen, die in Dominanz- und Unterwerfungshaltung miteinander verbunden sind, nur der eine Partner die dominante und der andere die Unterwürfigkeitshaltung hat. Wenn man sich darum bemüht, die gegebene Situation genau zu verstehen, dann wird man bemerken, daß die gleichen neurotischen Reaktionsweisen bei den beiden Beteiligten nur in unterschiedlicher Ausprägung manifest werden.

Auch wenn ein Partner in den Augen der Außenwelt offenkundig die „Schutzfigur" für einen anderen Menschen ist, wird man immer wieder feststellen können, daß auch der Schutzbedürftige seinem Beschützer oder seiner Beschützerin in wichtigen Augenblicken Halt gibt. Ebenso ist es selten, daß nur der eine Partner der „sadistische" ist und zu Quälereien neigt, während der andere Partner die „masochistische" Reaktion aufweist. Die Tendenzen, sich gegenseitig zu kränken, zu quälen und offen oder versteckt zu verletzen, sind fast immer auf beiden Seiten vorhanden und nur in ihrer Äußerungsform deutlicher oder verborgener.

Ähnliches gilt von jenen Beziehungsmustern, bei denen sich das Erleben von *Nähe* oder *Distanz* zu einer neurotischen Problematik verdichtet:

Es gibt Patienten, die durch eine sehr leidvolle neurotische Reaktionsweise ausgezeichnet sind, die dazu führt, daß sie zwar die Nähe eines anderen Menschen suchen, Einsamkeit auch nur schlecht oder gar nicht ertragen und daß in ihnen doch zugleich bei jeder dauerhaften Nähe Angstreaktionen aufwallen, die den Bestand der soeben aufgenommenen Beziehung gefährden. Diese Angstreaktionen, die bei dauerhafter naher Beziehung zu einem Partner aufkommen, führen dann zur Flucht und zur Distanzierung, obgleich die selbst herbeigeführte Trennung und das zugehörige Alleinsein kaum ertragen wird.

Die Trennungssituationen, die durch solche feinen Angstreaktionen durch die Nähe eines anderen zustande kommen, unterscheiden sich auf subtile Weise von jenen Reaktionen, die ich mit dem Wort „unbewußtes Trennungsarrangement" bezeichnet habe. Bei einem unbewußten Trennungsarrangement setzen sich die inneren Trennungstendenzen durch, weil jede eingegangene Bindung mit entgegengesetzten inneren Tendenzen des betreffenden Patienten (Freiheitsdrang, Abwechslungsbedürfnisse) in Konflikt geraten. Freilich ist es gerade für diesen speziellen Zusammenhang besonders wichtig, daß man den sogenannten „normalen" Konflikt vom neurotischen unterscheidet: Bindungsbereitschaft und Abwechslungsbedürfnis stehen gewiß auch normaler Weise in Gegensatz zueinander. Zu einem neurotischen Konflikt werden diese Bedürfnisse immer erst dann, wenn die zugehörigen Tendenzen nicht bewußt reflektiert werden können und ein prüfendes Abwägen der Vor- und Nachteile von Bindung oder Unabhängigkeit unterbleibt.

Im übrigen können sich unbewußte neurotische Trennungstendenzen auch dann durchsetzen, wenn die entsprechenden Vor- und Früherfahrungen dazu geführt haben, daß ein Patient für Enttäuschungen und Schwierigkeiten nur deshalb keine verständige Lösung findet, weil ihm die Trennung vom Partner als einzige, habituell erstarrte Antwort auf erlebte Enttäuschungen oder Schwierigkeiten zur Verfügung steht (siehe das Beispiel auf Seite 46).

Der Gegensatz zu der neurotischen Trennungstendenz ist die „neurotische Anklammerung“: Diese Reaktionsweise ist meist durch rasch aufwallende Trennungsängste hervorgerufen und trägt dem betroffenen Patienten sehr schwierige Situationen ein: Er erlebt auch unbedeutende Verhaltensweisen des Partners (der vielleicht nur einen gewissen Spielraum für seine Selbständigkeit gewinnen will) als Trennungsabsicht und reagiert mit angstgetönter Forderung nach Nähe, nach mehr Gemeinsamkeit, nach wiederholter Bestätigung des Zusammengehörens. Neurotische Anklammerungstendenzen können einen quälerischen Charakter haben, werden häufig als sehr lästig empfunden und bringen in die Beziehung zweier Menschen ein destruktives Element, das das bewußt erstrebte Ziel (nämlich die größere Nähe) gerade verhindert. In bezug auf die hier zugrundeliegende neurotische Psychodynamik darf man allerdings nicht verkennen, daß die „Anklammerung“ vieler Patienten häufig auch eine komplementäre Abwehrreaktion ist, die die eigene unbewußte Tendenz zur Verselbständigung (die aus neurotischen Gründen nicht gewagt wird) unschädlich machen soll.

Die von mir in der Tabelle (S. 36) schließlich noch genannte „Dreiecksbeziehung“ ist eine besondere Variante der Konfliktlösung zwischen Partnern, die Schwierigkeiten haben, sich voll mit einer heterosexuellen Partnerschaft zu identifizieren: Es würde zu weit führen, wenn ich hier sehr detailliert auf die psychodynamische Konstellation beim sogenannten „homosexuellen Triangel“ einginge. Ich will nur erwähnen, daß es Partnerbeziehungen gibt, in denen die heterosexuelle Partnerschaft scheinbar dadurch gefährdet ist, daß sich der Mann oder die Frau jeweils mit einem anderen (heterosexuellen) Partner zusammentun. Es handelt sich dabei aber nicht um die übliche Rivalität von zwei Männern um eine Frau oder von zwei Frauen um einen Mann, sondern es entsteht eine libidinöse Beziehung entweder zwischen zwei Frauen, die sich den Mann „teilen“, oder zwischen zwei Männern, die ihre persönliche, libidinöse Bindung auf verborgene Weise durch den Umgang mit der gemeinsamen Partnerin vertiefen. Es ist immer wichtig, an eine solche verborgene libidinöse Beziehung zwischen den Rivalen zu denken, wenn sich in dem Leben eines Patienten ein Eifersuchtskonflikt abspielt, der aus Gründen, die für die betroffenen Patienten selbst nicht einsichtig sind, eine ungelöste Dauerhaftigkeit erhält.

Zum Abschluß dieser Erörterungen über bestimmte neurotische Elemente in der Partnerbeziehung oder Partnerwahl noch ein kurzes Wort über die „narzißtische Selbstbestätigung", die ein wichtiges Element in einer Beziehung sein kann. Leider ein Element, das für eine Bindung wenig tragfähig ist, zugleich aber die Lösung dieser Bindung bei großen Enttäuschungen erschwert:

Wenn ein sogenanntes „schönes Paar" seine persönlichen Unsicherheiten dadurch kompensiert, daß das gemeinsame Auftreten im Freundeskreis oder in der Gesellschaft allgemeine Bewunderung erweckt, dann wird aus dem Erleben dieser Bewunderung viel Angstbeschwichtigung gezogen. Wenn die beiden Menschen sich aber wechselseitig wenig Halt geben und der Umgang miteinander auch kaum von wirklichem Verständnis getragen ist, dann bleiben die Enttäuschungen nicht aus. Zu irgendeinem Zeitpunkt wäre die Trennung eigentlich wegen der unbefriedigenden persönlichen Beziehung notwendig. Sie unterbleibt aber, weil das Erlebnis „bewundertes Paar" aus neurotischen Gründen nicht entbehrt werden kann.

Diese Wahl in wechselseitiger narzißtischer Bestätigung ist das Gegenstück zu jener Motivationslage, von der ich zu Beginn gesprochen hatte: Die Wahl „unter Niveau", weil das eigene Selbstgefühl so untergraben ist, daß die Hoffnung auf einen „besseren" Partner aufgegeben worden ist und die Unzufriedenheit zu einem dauerhaften Störfaktor wird.

Bevor ich nun zu der Darstellung von zwei Fallberichten übergehe, möchte ich noch hervorheben, daß die von mir abstrahierend genannten Stichworte nicht besagen, daß sich die damit bezeichneten Charaktermerkmale wechselseitig ausschließen:

Dominanz-Unterwerfungshaltung kann ebenso mit narzißtischer Selbstbestätigung gepaart sein, wie mit dem Empfinden, daß die Bindung zu einer Partnerschaft unter Niveau geführt hat. Habituelle Angst vor Nähe kann mit sado-masochistischen Tendenzen vermischt sein und unbewußt determinierte Trennungsarrangements können ihre Quellen in den Vorerlebnissen der Kinderzeit, also in Übertragungskonstellationen haben.

Und damit kann ich zu der Darstellung von zwei Krankengeschichten übergehen, in denen ich mit Rückgriff auf frühere Ausführungen darlege, wie eine Heirat in Bruderübertragung zustande kommt und wie sich in dem einen Fall diese Übertragungsbeziehung zwar krisenhaft auswirkt, aber doch beständig bleibt, in dem anderen Fall aber in kritischer Zuspitzung zur Trennung führt.

Fall 1: Heirat in Bruderübertragung und „es paßt“

Eine junge Frau wächst behütet und von den Eltern sehr ersehnt zusammen mit einem fünf Jahre älteren Bruder auf. Die Familie hält zusammen. Der ältere Bruder ist Vorbild und Beschützer der sehr liebenswert anzusehenden kleinen Schwester. Als der Bruder mit 23 Jahren heiratete, geht die 18jährige junge Frau ihrerseits eine Bindung ein, von der sie später zeitweilig behauptet, daß sie übereilt gewesen wäre. Sie ist nur kurze Zeit nach der Schulentlassung berufstätig und heiratet den drei Jahre älteren Freund als sie 21 wird. Der Freund ist einziges Kind und war der Lebensinhalt seiner Mutter, die häufig mit dem Jungen allein blieb, weil der Vater von seiner Firma mit auswärtigen Arbeiten beauftragt wurde. Er verliert seine Mutter unvermutet an einem Karzinom und heiratet wenige Monate nach deren Tod. Das junge Paar will Kinder haben, die Patientin verliert aber die ersten beiden Kinder durch Früh- und Todgeburt. Sie macht eine schwere Krise durch und wagt den Versuch zu einer dritten Schwangerschaft nicht. Sie nimmt auch keinen Beruf auf, sondern macht die Versorgung des Ehemannes zu ihrem Lebensinhalt. Der Ehemann ist für sie nach eigener Aussage der große Bruder, der sie beschützt, liebt und ihr alle Schwierigkeiten aus dem Weg räumt. Begreiflicherweise wird das Leben der beiden auf längere Sicht doch inhaltsarm und für die noch junge Frau eintönig und steril. Beide haben fast zur gleichen Zeit intensive außereheliche Liebesbeziehungen und geraten miteinander in einen tiefen, existentiell erschütternden Konflikt, der bei der Patientin zugleich mit neurotischer Symptomatik einhergeht.

Auf den Verlauf der Therapie und die innere Entwicklung der Patientin will ich hier nicht weiter eingehen. Wichtig ist zum Verständnis in diesem Zusammenhang, daß beide Partner in ihrer Kindheit in engen festen Beziehungen herangewachsen waren und daß die früh erlebte Dauerhaftigkeit und Tragfähigkeit der Beziehungen mit dazu beitrug, daß die Beziehung sich vertiefen und auf neuer Basis aufrechterhalten werden konnte. Beide Partner waren sich darüber klar, daß sie unvermutet nach dem Verlust einer wichtigen frühen Beziehungsperson (den Bruder durch die Heirat, die Mutter durch den Tod) eine rasche Ersatzbindung gesucht hatten. Trotzdem war die Beziehung nicht im engeren Sinn „Ersatz“, sondern war von Verständnis, Zuneigung und auch gegenseitigem Vertrauen getragen.

Fall 2: Heirat in Bruderübertragung, aber „es paßt nicht"
(es konstelliert sich ein neurotisches Trennungsarrangement)

Eine zweiunddreißigjährige Patientin kommt kurz nach ihrer Ehescheidung zur Behandlung. Auch sie ist als nachgeborene und ersehnte Tochter mit einem fünf Jahre älteren Bruder aufgewachsen. In den ersten Kinderjahren hieß sie in der Familie „die kleine Prinzessin". Die Schicksalsumstände der Nachkriegszeit entwurzelten die ursprünglich wohlhabende Familie, die als fünfköpfiger Familienverband (Großmutter, Vater, Mutter und zwei Kinder) auf die Flucht gehen mußte und Jahre brauchte, um wieder Fuß zu fassen. Das kleine Mädchen kam mit dem älteren Bruder in ein Heim, bis die drei Erwachsenen Wohnung und Arbeit gefunden hatten. Im Heim wurde der Bruder die wichtigste Person für die kleine Patientin, auch ihr „Beschützer", der sich für sie einsetzte, wenn andere Kinder ihr das „Prinzessinnengebaren" verübelten und das umsorgte und zum Teil auch verwöhnte kleine Mädchen mit Verwirrung und Protest auf die neue Situation reagierte. Aus äußeren Gründen wurde dieser ältere Bruder von den Eltern zuerst nach Hause geholt und die Patientin mußte zwei lange Jahre in dem Heim verbleiben. Sie hat dieses Trauma nie verwunden, den Eltern nicht verziehen und ein idealisiertes Sehnsuchtsbild vom Bruder aufgebaut.

Bei dieser Patientin war ein narzißtischer Zug unverkennbar. Sie zeigte eine rasche Tendenz, Ungemach mit Geschrei und Protest zu beantworten und nach einem Beschützer zu suchen. Mit dieser Tendenz hatte sie schon bei der Berufsausbildung als medizinisch-technische Assistentin Schwierigkeiten. Als hübsche junge Frau fand sie aber immer wieder einen „älteren Bruder", der sich für sie einsetzte und um sie bemühte. Die innere Schwierigkeit der Patientin wurzelte allerdings darin, daß ihre sehnsuchtsvollen Erwartungen, die den Bereitschaften des beschützenden Bruders galten, an den realen Möglichkeiten eines jungen Mannes vorbeigingen. Die Patientin hatte mehrere Beziehungen gelöst, weil ihr die Männer doch zu egoistisch erschienen. Als sie schließlich heiratete, gab sie der Werbung eines intensiv um sie bemühten vier Jahre älteren Arztes nach, der in ihr die Vorstellung erweckte, er werde ihr alle Unbilden des Lebens aus dem Weg schaffen, sich auch bei ungereimten Protestattitüden für sie einsetzen und ein dauerhafter Liebhaber sein.

Der Ehemann stammte aus einer sehr konfliktreichen, geschiedenen Ehe, in der er während der Scheidungsphase seiner Eltern wechselweise bei Vater oder Mutter lebte und sich schließlich (angesichts der Unmöglichkeit sich für einen von beiden zu entscheiden) innerlich von beiden distanzierte. Auch in ihm schien eine Sehnsuchtshaltung nach dauerhafter Bindung zu leben, die von gegenteiligen konflikthaften Vorerfahrungen untergraben wurde.

Auch diese Eheleute hatten kein Kind. Sie glaubten zunächst, daß ihre Beziehung, die sie intensiv und bewegend erlebten, durch die Versorgung eines Kindes nur gestört würde.

Die Konflikte ließen in Anbetracht der unerfüllten Sehnsuchtshaltungen bei beiden Partnern nicht lange auf sich warten: Die Patientin fühlte sich bald von ihrem Ehemann vernachlässigt und sie wich in die Beziehung zu ihrem „großen Bruder", der in der gleichen Stadt lebte, aus. Ihm berichtete sie von den Enttäuschungen, die ihr ihr Ehemann angeblich bereitete, bei ihm beklagte sie sich und er nahm – nach gewohntem Muster – seine Beschützerrolle wieder ein und tröstete die Patientin nicht nur, sondern versuchte auch, den Ehemann von seinen Mängeln zu überzeugen. Der Ehemann war ursprünglich mit eben so großen Erwartungen an seine Schwiegerfamilie in die Ehe gegangen. Er glaubte dort eine Familie mit dem Zusammenhalt zu finden, den er selbst vermißt hatte. Nun geriet er in eine ähnliche Konstellation wie in seiner eigenen Kinderzeit: Er sollte sich zwischen Frau und Schwager entscheiden, die wechselweise um ihn warben und ihm Vorwürfe machten.

Die Trennung der Ehe war schon vollzogen, als ich die Patientin kennenlernte. Beide Ehepartner hatten Trennungs- und Verlusterlebnisse in der Vorgeschichte und so war es für sie nur die Wiederholung von schon bekannten Lebensabläufen, wenn sie auch der neu eingegangenen Beziehung ein Ende setzten.

Für die Patientin blieb aber im Verlauf der Therapie folgendes charakteristisch: Sie ging – für den Außenstehenden fast wahllos – rasche Beziehungen zu wenig älteren Männern ein, an die sie sich mit kindlich-hilfesuchender Haltung wandte. Die Männer zeigten sich von dieser erwartungsvollen Haltung der hübschen jungen Frau angetan, wandten sich ihr zu, konnten aber die unerfüllbaren Sehnsüchte der Patientin doch nicht befriedigen. Die Patientin klagte in der Therapie immer erneut, daß die Männer sie getäuscht hätten und „ihr großer Bruder" ihr beigesprungen sei, sie tröstete und sie darin bestärkte, daß der neue Partner sie nicht stützte, sondern sie nur ausnutzte. So „konstellierte" die Patientin immer wieder jene Trennungssituationen, vor denen sie sich so verzweifelt fürchtete. Der narzißtische Anteil in ihrem Persönlichkeitsmuster stand ihr dabei zusätzlich sehr im Wege und sie hatte eine Phase recht bitterer Verzweiflung und Anklage zu durchleben, bis sie für eine neue Bindung, die sie schließlich fand, bessere innere Voraussetzungen schaffen konnte.

2. Die Aufnahme einer neuen Beziehung

Das letzte Fallbeispiel hat uns gezeigt, wie sich Patienten ihre Trennungssituation selber schaffen können und wie sich aus diesen selbst konstellierten Lebensveränderungen die entsprechenden inneren Krisen ableiten.

Wenn wir jetzt verstehen wollen, ob die Aufnahme einer neuen Beziehung im Leben eines Patienten unter neurosenpsychologischen Aspekten eine psychopathologische Bedeutung erhält, dann müssen wir zunächst beschreiben, welchen allgemeinen Stellenwert diese neue Beziehung im Leben des betreffenden Menschen hat. Wir müssen uns den Rahmen vergegenwärtigen, in dem dieser Patient lebt und damit zugleich versuchen, jene Hoffnungen, Sehnsüchte, Ängste oder Zwiespältigkeiten zu verstehen, die mit der Aufnahme der neuen Beziehung verknüpft sind. Folgende Fragen helfen uns hier weiter:

- Ist ein *junger* Mensch eine neue Beziehung eingegangen, der vielleicht schon einige Vorerfahrungen hatte, dem aber das Erlebnis einer dauerhaften Bindung – die er sucht – noch fehlt?
- Oder haben wir es mit einem *älteren* Menschen zu tun, der sich nach einer soeben gescheiterten Beziehung *neu* binden will?
- Wie *wichtig* und dauerhaft soll die Beziehung in der Phantasie des Patienten werden? Ist sie eher als ein Versuch und flüchtiges Abenteuer gedacht oder besteht die Hoffnung auf Beständigkeit?
- Wieviel *Anpassungsleistung* verlangt die neue Bindung? (Unterschied oder Gleichgewicht der Kräfte, der Interessen, der sozialen Herkunft und der finanziellen Lage.)
- In welchen *„Normalbereichen“* würden sich hinsichtlich des Zusammenlebens und der notwendigen Anpassungsleistung sowieso Schwierigkeiten ergeben? (Unterschiedlicher Gesundheitszustand, unterschiedliches Kräftemaß, sehr unterschiedliche Herkunft, unterschiedliche Interessen und Neigungen.)
- Wie reagieren die jeweiligen *Herkunftsfamilien* auf die Bindung? Wissen sie Bescheid oder hält man es vor ihnen geheim? Sind sie einverstanden oder ablehnend?
- Binden sich zwei Menschen in ausgesprochenem *Protest* gegen ihre Herkunftsfamilien?
- Soll eine schmerzlich empfundene *Einsamkeit* aufgehoben werden und

wird doch gleichzeitig die dauerhafte *Nähe* eines anderen Menschen *gefürchtet*?

- Bestehen bei einem der beiden Partner oder gar bei beiden latente *Sehnsüchte*, daß der Partner all das erfüllen und ausgleichen möge, was die eigenen Eltern versäumt hatten?
- Bietet die neugefundene Gemeinsamkeit eine *Basis* im *sozialen Umfeld* (gemeinsames Auftreten, gemeinsames Planen, gemeinsam zu einer Gruppe gehören), während das persönliche Miteinander eher als eine Belästigung empfunden wird?

Wenn wir diesen allgemeinen Hintergrund im Leben eines Patienten kennengelernt haben, dann können wir einen Schritt weitergehen und versuchen, die besonderen neurotischen Konflikte zu verstehen, die die neue Bindung mit sich gebracht hat und deren pathogene Wirkung schließlich zu seelisch bedingten Krankheitszeichen führte.

Die Spielbreite individueller Varianten ist hier freilich sehr groß. Ich begnüge mich nachstehend mit dem Bericht einer einzigen Krankengeschichte, die illustrieren soll, wie in diesem besonderen Fall die Auseinandersetzung einer jungen Frau mit einer neuen Liebesbeziehung das psychogene Krankheitsbild auslöste: Das neurotische Persönlichkeitsmuster der Patientin und ihr bisheriger Lebensweg hatten es ihr nicht erlaubt, das Konfliktpotential, das in der neuen Beziehung aktiv wurde, zu klären und zu bereinigen:

Die 26jährige Studentin erkrankte mit Kopfschmerzen, Schwindelgefühlen und vaginistischen Beschwerden beim Sexualverkehr, als sie nach etwa zweijährigem Leben ohne einen Freund eine neue Partnerbeziehung aufnahm. Vaginistische Beschwerden hatte sie bei ihrer ersten Liebesbeziehung nicht gekannt.

Als neurotische Problematik ergaben sich nach der Anamnese folgende Konfliktbereiche:

- Die Patientin war noch mit deutlich neurotischen Elementen an ihre Herkunftsfamilie gebunden.
- Ihrem Partner gegenüber wechselte sie zwischen *Schutzsuche* und *Rivalität*.
- Die Patientin ersehnte und fürchtete die Dauerhaftigkeit dieser Bindung zugleich.

Zur aktuellen Lebenssituation der Patientin und zur Biographie: Die Patientin ist, wie gesagt, Studentin, hat aber bereits zum zweitenmal ihr Studienfach gewechselt. Gegenwärtig ist sie über ihre berufliche Zukunft sehr ungewiß. Sie lebt im gleichen Haus wie die Eltern, einen Stock höher, und betont nachdrücklich, daß sie zu den Eltern überhaupt keine Bindung mehr habe. In Wirklichkeit nimmt sie aber alle Mahlzeiten bei den Eltern ein, die auch für die Patientin einkaufen und die Lebensmittel im Kühlschrank aufbewahren. Die Tiefkühltruhe der Eltern (die einen Schlüssel zur Wohnung der Patientin haben) steht in der Wohnung der Patientin. Eltern und Patientin haben also wechselseitig Gelegenheit, ohne Vorankündigung in die beiden Wohnungen zu gehen.

Die Freiheit und Unabhängigkeit der Patientin von ihrer Herkunftsfamilie besteht lediglich darin, daß sie nicht beobachtet wird, wenn sie ausgeht (was sie kaum tut) und daß sie Freunde empfangen kann, ohne daß die Eltern im Nebenzimmer sind.

Die Patientin hat zwei Jahre hindurch eine feste Beziehung zu einem Soziologiestudenten gehabt (erstes Studienfach der Patientin), der in eine Wohngemeinschaft zog und die Patientin aufforderte, mitzukommen. Die Patientin hatte dazu keine Lust und trennte sich von der angeblich sowieso nicht voll befriedigenden Beziehung. Diese Trennung lag bereits 2 Jahre zurück. Die Patientin hatte in der Zwischenzeit den Verlust des Freundes durch zweimaligen Wechsel ihres Studienfaches „kompensiert". Durch ihren Bruder (Medizinstudent) kam sie einem seiner Freunde näher und ging mit ihm schließlich eine Bindung ein, die – wie sie hoffte – ihre Beziehung zu Eltern und Geschwistern vielleicht nur wenig tangieren würde.

Mit der Aufnahme dieser neuen Beziehung erkrankte die Patientin mit der oben geschilderten Symptomatik. Als der Freund nach einer relativ langen Phase der Geduld hinsichtlich der vaginistischen Beschwerden die Beziehung zu der Patientin beenden wollte, reagierte sie stark anklammernd, „lief ihm die Bude ein" (eigene Aussage) und bezog ihre eigene Familie mit viel Tränen und Aussprachen in ihre Problematik ein.

Die Patientin selbst war ratlos. Sie sah zwar einen gewissen Zusammenhang zwischen ihrer neuen Beziehung und der aufgetretenen Symptomatik, konnte sich aber keine Erklärung für ihre Schwierigkeiten zurechtlegen, weil sie in ihrer Beziehung zu dem früheren Freund keine ähnlichen Krankheitszeichen kennengelernt hatte.

Aus der Vorgeschichte der Patientin ließ sich folgende Konstellation herausarbeiten:

Die Patientin war Vaters *Liebling* und Bruders *Rivalin.* Beide Eltern waren streng, aber ganz ausschließlich auf die Fürsorge für ihre Kinder eingestellt. Wenn die Patientin von „wir" sprach, meinte sie nur ihre Geschwister. Die Mischung von Strenge und Fürsorge bei den Eltern und der Zusammenhalt mit den Geschwistern hatte die Patientin einerseits fest an ihre Herkunftsfamilie gebunden und ihr zugleich eine Fülle von wichtigen angstfreien Schritten ins Leben hinaus verbaut.

Der Wunsch des Vaters, daß alle seine Kinder studieren sollten, hatte in der Patientin den zugehörigen Protest gegen diesen Wunsch gezüchtet. Der zweimalige Studienwechsel bekundete, daß sie sich selbst nicht mit einer festen beruflichen Laufbahn identifizieren konnte. Als die Patientin spürte, daß ihr eine eigene berufliche Karriere große Schwierigkeiten bereiten würde, kamen bei ihr die (allerdings wenig reflektierten) Phantasien auf, daß sie in einer Ehe eine ähnlich gesicherte und feste Lebensform finden könnte wie die Mutter. Diesen Phantasien stand entgegen, daß die Patientin ihre Kindheit und Jugend hindurch immer gedacht hatte, daß sie auf keinen Fall so leben wollte wie die Mutter, die sich für Mann und Kinder aufopferte. Insofern war sie auch nicht darauf vorbereitet, sich ein Familienleben vorzustellen, das ihren eigenen Wünschen und Möglichkeiten entsprechen würde.

Im Hinblick auf die Gegenwartssituation der Patientin und ihrer Kindheitsentwicklung erschien die Beziehung zu dem Freund des Bruders in besonderem Licht:

Zum einen war diese neue Bindung *wichtig*, weil die Patientin mit ihr die Vorstellung einer Heirat verknüpfte. Ein Verlust dieser Beziehung war stark *angstbesetzt*, weil die Patientin diese Ehe als eine hilfreiche Lösung erlebte, die sie von ihren neurotischen Schwierigkeiten bei der Berufswahl befreien sollte. Der bewußte Verzicht auf eine berufliche Karriere (ohne das Alibi der Ehe) war für die Patientin aus neurotischen Gründen nicht möglich: Sie trug die Wünsche des Vaters als „Überich-Forderungen" in sich und hätte die Preisgabe des Studiums ohne den – auch für den Vater legitimen – Grund der Heirat mit starker Angst beantwortet und sich davor gefürchtet, daß sie den Wünschen des Vaters nicht nachkäme.

Da die Patientin aber ein Leben hindurch in der Rivalität mit ihrem Bruder gelebt hatte, ging nun diese Dauerrivalität als „Übertragungsreaktion" auf den Freund des Bruders über. Das bedeutete, daß die Patientin gerade mit *dem* Mann, der ihr das Berufsleben ersparen sollte, zugleich in einen intensiven, wenn auch unbewußten Rivalitätskonflikt geriet, der zentral im beruflichen Feld ausgetragen wurde.

Zusammenfassend konnte man sagen, daß die neue Bindung für die Patientin aus mehreren Gründen eine starke *Versuchung* war: Die Patientin konnte sich eine Ehe mit dem Freund ihres Bruders schon deshalb vorstellen, weil diese Ehe ihre noch vorhandene Bindung an die Herkunftsfamilie sehr viel weniger tangiert hätte als die frühere Liebesbeziehung. Unter dieser Voraussetzung hätte sich für die Patientin dann auch die Möglichkeit ergeben, ihre Berufsprobleme mit Hilfe dieser Ehe zu beseitigen.

Andererseits würde aber die Preisgabe der Berufsentwicklung die Patientin mit ihren eigenen Überich-Forderungen und mit den Wünschen des Vaters in Konflikt bringen. Zugleich mußte die Patientin spüren, daß sich ihre Dauerrivalität dem Bruder gegenüber auch in ihrer Beziehung zu dem Freund meldete. Da der Patientin aber das Gemisch widerstreitender Wünsche, Ängste, Phantasien und Hoffnungen nicht bewußt war, die Konflikte also auch nicht innerlich abgewogen und entschieden werden konnten, setzte sich der dauerhafte innere Erregungssturm in die aufgetretene Körpersymptomatik um, die zugleich die nahe sexuelle Beziehung zum Freund verhinderte.

Wie schon gesagt, wollte ich es in diesem Abschnitt mit der Darstellung einer einzigen Krankengeschichte bewenden lassen. Es würde den Rahmen dieses Buches weit überschreiten, wenn ich für die große Vielzahl neurotischer Probleme, die bei der Aufnahme einer neuen Beziehung aktiv werden können, noch weitere Beispiele hinzufügen würde. Insbesondere wird es nicht möglich sein, die zahlreichen sehnsüchtigen und oft auch illusionären Erwartungen zu beschreiben, die einen Menschen erfüllen können, wenn er sich eine neue Partnerschaft sucht. Jene Erwartungen, die immer dann, wenn sie einer bewußten Verarbeitung nicht zugänglich sind nach der ersten intensiven Gemeinsamkeit zu bitteren Enttäuschungen führen.

In Ergänzung zu der mehr oder weniger akuten Problematik, die sich schon beim Beginn einer Beziehung abzeichnet, will ich nun in den beiden folgenden Kapiteln zwei Problembereiche erörtern, die (im Gegensatz zu einem *neuen* lebensverändernden Ereignis) die Quelle für nicht endende neurotische *Dauerkonflikte* zwischen zwei Partnern abgeben können. Eines dieser Themen ist die erschwerte oder auch gänzlich ausbleibende sexuelle Befriedigung zwischen den Partnern.

3. Besondere sexuelle Probleme in der Partnerschaft

Seit Freud das Problem der zielgehemmten, verdrängten oder auf prägenitalen Stufen fixierten Sexualität in den Mittelpunkt der psychoanalytischen Beobachtungen gerückt hat, ergab sich im Verlauf der Jahrzehnte fast unmerklich eine neue normative Orientierung, die der sexuellen Harmonie zwischen zwei Partnern bzw. der sexuellen Erlebnisfähigkeit einer Frau oder eines Mannes einen sehr hohen Stellenwert beimaß. Als diese Gedankengänge in die

Populärliteratur eindrangen, entwickelte sich in diesem Feld eine undifferenzierte und verflachte Betrachtungsweise, die nach meiner Erfahrung in den vergangenen Jahrzehnten einer Unzahl von jungen Paaren oder länger verheirateten Eheleuten Kummer bereitet haben.

Einige dieser Normvorstellungen will ich hier zunächst einmal benennen und zugleich korrigieren:

- Die gute sexuelle Übereinstimmung zwischen zwei Partnern soll ein Indikator für die allgemeine menschliche Übereinstimmung sein und gewissermaßen eine Garantie dafür abgeben, daß der Alltag – gegebenenfalls die Ehe – harmonisch verläuft.

  Ich will gewiß nicht behaupten, daß das Gegenteil der Fall ist. Aber die rein sexuelle Faszination kann ein junges Paar sehr darüber täuschen, daß der Alltag keineswegs von dieser sexuellen Harmonie bestimmt wird, und daß zudem das längere Beisammensein eine Abflachung des Erlebens mit sich bringen kann.

- Das Fehlen einer guten sexuellen Übereinstimmung soll anzeigen, daß allgemein menschlich zwischen den Partnern „etwas nicht stimmt". Die These lautet dann: „Wenn wir uns wirklich liebten und wenn wir zusammen paßten, dann müßte es auch in sexueller Hinsicht eine gute Übereinstimmung geben."

  Die Erfahrung zeigt, daß eine solche These nicht den wirklichen Gegebenheiten entspricht: Die Liebesbedingungen eines Menschen, die den sexuellen Bereich umfassen, können sehr individuell sein und unter Umständen sogar mit dem kontrastieren, was für das Zusammenleben im Alltag der Partnerin oder dem Partner erwartet wird (Beispiel hierzu S. 56).

Es hat sich eine einseitige normative Vorstellung herausgebildet, die speziell das sexuelle Erleben der *Frau* betrifft: Es ist zwar unter allgemeinen normalpsychologischen Aspekten akzeptiert, daß nicht jeder Mann auf jede Frau mit sexueller Erregung antwortet oder den sexuellen Akt mit ihr vollziehen könnte, gleichgültig, ob sie ihm gefällt oder nicht, ob sie jung oder alt ist, dick oder dünn, „attraktiv" oder körperlich wenig anziehend. Für das Erleben der Frau gilt es aber fast schon als normativer Grundsatz, daß sie – sofern sie sich einmal sexuell eingelassen hat – auch orgasmusfähig sein müßte. Darüber hinaus habe ich in den vergangenen Jahren viele junge Frauen fast beschämt mitteilen hören, daß sie leider „nur" einen klitoridalen Orgasmus hätten und keinen vaginalen.

Unter den genannten neuen normativen Grundsätzen gilt vaginaler Orgasmus gewissermaßen als der „bessere“ oder der „reifere“.

Nun ist es gewiß kein Zweifel, daß der vaginale Orgasmus für die Frau ein sehr anderes Erleben bedeutet als der klitoridale Orgasmus. Man könnte sagen, daß der vaginale Orgasmus in bezug auf die allgemeine innere Verfassung der Frau etwas mit Nachgeben zu tun hat, mit Entspannung und mit Vertrauen. Er stellt sich vielleicht eher ein, wenn die Frau dem Mann, den sie liebt oder allen Männern überhaupt, ausreichendes Vertrauen entgegenbringt. Wenn man die Norm aufstellt, daß alle Frauen allen Männern gegenüber, mit denen sie sexuell zu tun haben, vertrauend-nachgebend eingestellt sein müßten, dann könnte man natürlich von jeder Frau, die sich in eine sexuelle Beziehung eingelassen hat, auch den vaginalen Orgasmus „verlangen“. Wenn man aber unter psychologisch-anthropologischen Aspekten keinen Anhalt für eine solche normative Ausrichtung sieht, dann wird man diese Norm kaum aufrechterhalten wollen. Sicher ist es jedenfalls, daß der vaginale Orgasmus mit „Reife“ oder besonders entwickelter „Fraulichkeit“ nur sehr begrenzt in Verbindung gebracht werden darf.

Alles in allem sollten wir festhalten, daß sich mit Hinblick auf die soeben genannten vielfältigen normativen Vorstellungen zwischen jungen und älteren Paaren seit langem sehr viele Schwierigkeiten ergeben haben, die überflüssig wären, wenn die individuelle Zufriedenheit nicht an solchen Normen gemessen würde. Ganz gewiß fehlt in einer Partnerschaft sehr viel, wenn die sexuelle Gemeinschaft unbefriedigend bleibt. Andererseits ergibt sich aber aus der Vorstellung, daß eine Partnerschaft unbedingt gelöst werden müßte, wenn sich die sexuelle Zufriedenheit nicht einstellt oder verlorengeht, eine Konsequenz, die meist auf nichts anderes hinausläuft, als daß die betreffenden Menschen in neuen Bindungen sehr ähnliche Schwierigkeiten erleben.

Im folgenden gilt es nun, für einige der häufigsten sexuellen Konflikte und Krisenpunkte zwischen zwei Partnern die sogenannten „normalen“ von den „neurotischen“ Konstellationen abzuheben und zu trennen.

– Die sexuelle Bedürftigkeit der Partner ist *unterschiedlich.*

1. *Konfliktarme Situation:* Die sexuelle Bedürftigkeit des Mannes ist gering. Die Partnerin würde sich zwar eine stärkere sexuelle Aktivität ihres Mannes wünschen, gibt sich aber grundsätzlich mit der Situation zufrieden.

   Neurotische Konstellation: Die Bedürftigkeit des Mannes ist gering. Die Ehefrau empfindet seine Reaktionsform als eine *Zurückweisung* und einen *Mangel*, obgleich sie selbst *frigide* ist und ohne sexuelle Reaktionen. Die Frau nimmt die Haltung ein, daß der Mann ihr gewissermaßen „ihr Recht" vorenthält. In diesen Fällen sind sehr häufig sado-masochistische Verwicklungen im interaktionellen Muster der beteiligten Partner im Spiel. Sie können sich nicht damit zufriedengeben, daß der Alltag viele positive, gemeinsame Elemente enthält und faktisch keiner der Beteiligten in sexueller Hinsicht wirklich etwas entbehrt. Die Frau wertet den Mann ab, obgleich sie keine wirkliche Einbuße an Befriedigung erleidet. Der Mann reagiert mit Schuldbewußtsein.

2. *Konfliktarme Situation:* Die sexuelle Bedürftigkeit des Ehemannes ist intensiver als die der Frau. Die Frau paßt sich seinen Bedürfnissen so gut es geht an.

   Neurotische Konstellation: Die Frau kann die Sexualität nicht einfach zulassen, sondern sie empfindet Ekel, Abwehr, reagiert gegebenenfalls mit Vaginismus. Sie beharrt darauf, daß der Mann sich ihrem Rhythmus anpassen müsse, empört sich aber heftig, wenn der Mann zwischenzeitlich (um sie nicht zu bedrängen) onaniert.

3. *Konfliktarme Situation:* Die sexuelle Bedürftigkeit der Frau ist geringer, als die des Mannes. Sie läßt die Sexualität aber zu und empfindet in der Intimität und Zärtlichkeit ein Gefühl von Nähe und Zusammengehörigkeit, das sie sucht und braucht. Der Ehemann empfindet die geringe sexuelle Erlebnisfähigkeit seiner Frau zwar als Mangel, gibt sich aber mit Hinblick auf die sonstige gute Übereinstimmung zufrieden.

   Neurotische Konstellation: Der Ehemann empfindet den fehlenden Orgasmus bei der Frau nicht einfach als eine Beeinträchtigung seines eigenen sexuellen Erlebnisablaufs, sondern er fühlt sich persönlich *abgewertet*. Er geht mit der Vermutung um, daß die Frau mit anderen Männern erlebnisfähiger wäre, oder er phantasiert, daß er selbst nicht die richtigen „Techniken" zur Verfügung hätte, um die Frau zufriedenzustellen. Um die eigenen Insuffizienzgefühle abzuwehren, tendiert der Mann dazu, die Frau abzuwerten und spricht (mit Hinblick auf normative Wertvorstellungen) davon, daß die Frau wegen des fehlenden Orgasmus „keine richtige Frau sei". Andere neurotische Konstellation: Die Frau hält den Orgasmus tatsächlich zurück, um sich dem Mann „nicht auszuliefern". Subtile Tendenzen zur Demütigung des Mannes veranlassen sie zugleich, ihm von ihrer besseren Erlebnisfähigkeit mit anderen Männern zu erzählen. Zu ihrer eigenen Liebesbedingung gehört es allerdings, daß sie nur mit „ausgeflippten Typen" oder sehr unterlegenen Männern orgasmusfähig ist.

- In der sexuellen Beziehung zwischen den Partnern hat sich ein *Wandel* eingestellt.

Konfliktarme Situation: Beide wissen, daß diese Wandel zu den sogenannten „normalen" Veränderungen hinsichtlich der wechselseitigen sexuellen Attraktivität und Zufriedenheit gehört und halten an der Partnerschaft fest.

Neurotische Konstellation: Die gestörte sexuelle Gemeinschaft ist tatsächlich ein Indikator für den Wandel einer ursprünglich neurotisch determinierten Partnerkonstellation, die jetzt aus tieferen (aber nicht primär sexuellen) Gründen in eine Krise gerät.

Beispiele: Eine Partnerschaft oder eine Ehe wurde unter der Voraussetzung eingegangen, daß die Frau in vieler Hinsicht das Übergewicht hat: Sei es, daß sie die Verdienende war und der Mann noch studierte, sei es, daß sie genauso wie der Ehemann Geld verdiente, aber das Geld einteilte. Sei es auch, daß der sehr schüchterne Mann zu Beginn der Beziehung glücklich war, überhaupt eine Sexualpartnerin gefunden zu haben. Solche Konstellationen können sich ändern: Der Mann hat seine Ausbildung fertig, ist Verdienender, und die Frau gerät in eine ihr unerträgliche abhängige Position. Oder der Ehemann zieht mit der Frau gleich, verdient eventuell sogar mehr und beansprucht nun eine dominierende Rolle. Oder der anfänglich schüchterne Mann ohne andere sexuelle Vorerfahrungen verliert seine Schüchternheit, findet im Freundes- und Bekanntenkreis andere Frauen, die ihm gefallen, und merkt, daß er bei Frauen Anklang findet. Er verliert seine unterwürfig getönte Anhänglichkeit an die Frau und diese findet sich mit dem neuen Reaktionsmuster ihres Mannes nicht mehr zurecht.

Anderes Beispiel: Eine junge Frau hat einen deutlich älteren, ihr überlegen erscheinenden Mann geheiratet und war in der neurotischen Rolle der abhängigen „Kind-Frau". Nach längerer Ehe ist sie selbständiger geworden, sieht den Mann mit anderen Augen und empfindet nun die sexuelle Hingabe als „Unterwerfung", gegen die sie rebelliert.

- Die partnerschaftliche Beziehung wird von beiden Beteiligten hinsichtlich der wechselseitigen Ergänzung und Harmonie als sehr positiv geschildert. „Nur" in *sexueller Hinsicht* klagen beide Partner über die größten *Schwierigkeiten* miteinander. Es ergibt sich, daß die Persönlichkeitsstruktur der Beteiligten für den Alltag tatsächlich gute Voraussetzungen für das Zusammenleben mit sich bringt, zugleich aber gerade diese spezifische Struktur im Bereich der Sexualität eine Behinderung darstellt.

Beispiel: Ein Ehepaar hatte sich im gleichen beruflichen Bereich gefunden (Fabrikarbeit), war längere Zeit befreundet, fand große Übereinstimmung in vielen Lebensbereichen und heiratete. Die Übereinstimmung bestand in der Freude am Wandern, am Sport und in dem Bedürfnis nach einem behaglichen Heim. Übereinstimmung bestand auch in der Tendenz zu betonter Ordentlichkeit und im Umgang mit Geld. Es wurde vorsichtig und sparsam eingeteilt, dafür aber mit dem gesparten Geld gemeinsam größere Anschaffungen geplant (Auto, Segelboot).

Entsprechend ihrer zwanghaften Struktur war die Ehefrau nach Angaben des Mannes in sexueller Hinsicht etwas unbeweglich, wenig entgegenkommend, sogar abweisend bis prüde. Seine eigenen sexuellen Bedürfnisse waren nicht allzu intensiv. Da die Frau seine erste Partnerin gewesen war, hatte er den Sexualverkehr mit ihr anfangs als große Entlastung empfunden, und Unzufriedenheit oder Mangelgefühle waren nicht aufgetaucht.

Als der Ehemann in der Fabrik einmal mit einer anderen Frau eine sexuelle Beziehung aufnahm, eröffneten sich ihm gänzlich neue Erlebnisse. Er kam zu der Vorstellung, daß seine Ehefrau sich in jedem Fall auch in sexueller Hinsicht anders (bzw. ähnlich wie seine Freundin) entwickeln müßte, damit sie zusammenleben könnten.

Es wurde aber deutlich, daß sich die Ehefrau in Anbetracht ihrer zwangsneurotischen Struktur (bei sonstiger Gesundheit) nicht ohne weiteres verändern konnte. Insbesondere konnte und sollte sie jene Eigenschaften nicht aufgeben, die der Mann im Alltag an ihr schätzte (Sportlichkeit, Fleiß, Sparsamkeit, Ordnung). Bei aller Gutwilligkeit und Bereitschaft, dem Ehemann entgegenzukommen, war sie nicht in der Lage ihr sexuelles Verhalten gewissermaßen künstlich zu verändern. Die Entwicklung, die sich dann zwischen den beiden Menschen abspielte, war verhältnismäßig typisch: Der Ehemann zog im Verlauf einer sehr tiefgehenden Ehekrise für eine Weile zu seiner Freundin. Er erlebte bald, daß die sexuelle Zufriedenheit, die ihn so fasziniert hatte, nach den ersten Wochen des Zusammenlebens nicht mehr so recht trug. Statt dessen war er von anderen Eigenschaften der Frau bald abgestoßen: angebliche Unpünktlichkeit, geringeres Ordnungsbedürfnis, häufig geäußerte Wünsche, in ein Lokal zu gehen und Abneigung gegen Wandern oder andere sportliche Betätigung.

Für den Ehemann wurde nun eine wichtige alternative Entscheidung aktuell: Sollte er das sehr befriedigende alltägliche Zusammensein mit seiner Ehefrau wieder aufnehmen und auf die intensivere sexuelle Zufriedenheit bei seiner Freundin verzichten? Oder sollte er das Unbehagen im Tagesablauf mit der Freundin hinnehmen und dafür eine intensivere sexuelle Harmonie eintauschen? Da der Ehemann selbst eine Reihe von zwangsneurotischen Charakterzügen trug, schien es ihm im Endeffekt befriedigender zu sein, mit seiner Ehefrau zusammenzubleiben und der alltäglichen wechselseitigen Übereinstimmung den Vorzug vor der leidenschaftlichen sexuellen Befriedigung zu geben.

Dieses eine Beispiel soll für sehr viele andere stehen: Die Übereinstimmung im täglichen Miteinander, die auf der Übereinstimmung von gewissen neurotischen (wenn auch nicht schon pathogenen) Persönlichkeitsmustern beruht, ist häufig wichtiger und trägt eine Gemeinschaft besser und dauerhafter als intensiver, sexueller Erlebnisreichtum, der nicht gleichzeitig mit einer guten Übereinstimmung im Alltagsleben verbunden ist.

- Einer der Partner (oder beide) sind auf *sehr spezielle Praktiken* festgelegt.

Eine relativ konfliktarme Situation ergibt sich in solchen Fällen jedenfalls dann, wenn beide Partner hinsichtlich der sexuellen Praktiken übereinstimmen. Tatsächlich kann das Vorliegen einer korrespondierenden sexuellen Perversion für zwei Menschen zum festen Bindungskitt werden, wenngleich es sich hier um die Übereinstimmung in bezug auf ein spezielles neurotisches Reaktionsmuster handelt. Beide Partner sind dann mit ihren fixierten sexuellen Bedürfnissen einander ähnlich und deshalb auch meist aufeinander angewiesen.

Umgekehrt können aber die sehr festgelegten und speziellen sexuellen Wünsche des einen Partners *nicht* den sexuellen Reaktionsweisen des anderen entsprechen: Wenn die spezifischen sexuellen Praktiken sehr festgelegt sind (etwa bei Männern das Tragen von Frauenkleidern oder Frauenwäsche, Schlagepraktiken, Wunsch, geschlagen zu werden etc.) und die Partnerin oder der Partner mit diesen Bedürfnissen nicht korrespondieren, dann ist auf Dauer in aller Regel mit einer Trennung der Beteiligten zu rechnen.

Die Variationsbreite der individuellen Konstellationen in diesem Bereich ist allerdings außerordentlich groß. Für manche Patienten wird es subjektiv zu einem sehr belastenden Problem, wenn sie beim Sexualverkehr oder auch beim Onanieren nur dann zum Orgasmus kommen, wenn sie sich bestimmte Phantasien herbeirufen (Vergewaltigungsphantasien, Schlagesituationen, Verkehr mit anderen Partnern etc.). Wegen der großen Vielzahl individueller Erlebnisweisen verbietet sich eine ausführliche Darlegung in dem jetzt abgehandelten Kapitel von selbst. Die Literatur zu diesem Thema ist schier unübersehbar. Ähnlich unübersehbar, wie bei der folgenden Problematik:

- Einer der beiden Partner hat eine *neurotische Symptomatik* im *sexuellen Bereich* (Vaginismus, Potenzschwäche, Ejaculatio präcox etc.).

Bei solchen Krankheitssituationen stellt sich für den Therapeuten zunächst einmal die Frage, ob ein Patient diese Symptomatik immer und mit jedem Partner erlebt oder ob es sich um eine Symptomatik handelt, die tatsächlich nur den Hinweis auf eine besondere, den Einzelfall betreffende, neurotische Partnerkonstellation abgibt.

Sicherlich kann man für die Vielzahl der hier vorzufindenden

Konstellationen keine generellen Hinweise für „Typisches" geben. Man würde die äußerst vielschichtige und komplexe Problematik so vereinfachen und verkürzen müssen, daß die Darstellung für den Leser eher hinderlich als informativ ist. Immerhin gibt es auch für diese Krankheitsbilder ein sehr reichhaltiges Schrifttum, das übrigens im Grunde in den Themenbereich einer aus vielen Gründen chronisch belasteten neurotischen Partnerproblematik gehört.

So erscheint es mir jetzt richtiger zu sein, wenn ich im folgenden unmittelbar zu einem anderen Thema übergehe, das ebenfalls zu einem neurotischen *Dauerproblem* werden kann (das vielleicht auch die sexuelle Zufriedenheit der Partner empfindlich stört), das allerdings auch oft genug zu einer akuten Zuspitzung und damit zu einem lebensverändernden Ereignis bei einem Patienten führt: Die Rivalität in der Familie.

4. Die Rivalität in der Familie

Zu diesem Thema wäre allerdings erst einmal zu sagen, daß die Ausbildung von Rangordnungen und die zugehörigen Rivalitätskämpfe schon bei vielen sozial lebenden Tieren ein sogenanntes „artspezifisches" Verhalten darstellen. Auch für den Menschen dürfen wir wohl annehmen, daß die gruppenbildende Motivationslage der einzelnen Individuen zu seinen *arterhaltenden Reaktionsmustern* gehört hat und daß die Ausbildung von Rangordnungen dazu führte, daß das stärkste, erfahrenste oder klügste Gruppenmitglied auch die wichtigen arterhaltenden Gruppenentscheidungen traf.

Rivalitätskämpfe um *Macht* und *Einfluß* heben sich in ihrer Psychodynamik allerdings von jenen Rivalitätsgefühlen ab, die sich auf *Lob* und *Anerkennung* beziehen. Der älteste *Brudermord* in der Geschichte – das Drama zwischen Kain und Abel – hatte die Rivalität der Brüder um die Gunst und die Anerkennung des Gott-Vaters zum Hintergrund. Dieses uralte Thema findet sich in vielen Varianten in allen nur denkbaren Geschwisterkonstellationen unserer Patienten wieder.

Der wichtigste und bekannteste *Vatermord* aus Mythos oder Legende ist das Drama des Königs Ödipus, der (unwissentlich) im Zorn seinen eigenen Vater erschlug. Die psychoanalytische Vorstellung rückt dabei die Rivalität des Sohnes mit dem Vater um die Gunst der Mutter in den Mittelpunkt dieser Tragödie. Wir sollten aber bedenken, daß dieser Vatermord (psychodynamisch gesehen) jedenfalls unmittelbare Reaktion auf einen versuchten *Sohnesmord* gewesen ist. Als König Laios seinen Sohn im Einverständnis mit der Mutter aussetzen ließ, wollte er einen jener zahlreichen Sohnesmorde begehen, von denen uns die Antike berichtet: Der Mythos vom „gefährlichen Sohn" war in jenen Jahrhunderten weit verbreitet und hatte wohl auch seine historische Berechtigung. Schon Kronos fraß seine Kinder, um der Gefahr des jungen Sohnes zu entgehen, der – jünger und stärker – zum Rivalen zu werden drohte.

Wir dürfen also sicherlich davon ausgehen, daß die Rivalitätskonflikte unter Geschwistern ebenso normal sind wir Rivalitätskonflikte zwischen Vätern und Söhnen oder Söhnen und Vätern. Wenn wir den Ursprung *neurotischer* Rivalitätskonflikte herausfinden wollen, können wir ihre Wurzeln in aller Regel bis in die Kinderzeit zurückverfolgen: Viele Kinder müssen sich wehrlos mit erheblichen Ungleichheiten auseinandersetzen, die sowohl die Zuneigung und Liebe der Eltern betreffen können, wie auch die mitgegebene Ausrüstung an liebenswertem Aussehen, Kraft, Gesundheit und Verstand. Wenn der Vergleich mit einem geliebteren Bruder oder einer bevorzugten Schwester eine ganze Kindheit hindurch negativ ausfällt und keine angemessenen Ausgleichserlebnisse auftauchen, dann wird sich bei den aktiveren Menschen im Erwachsenenleben immer wieder eine Strebung durchsetzen, den Geltungs- und Rivalitätskampf mit altersnahen Menschen aufzunehmen. Sie werden neurotisch „geltungssüchtig" oder verstricken sich habituell in rivalisierende Auseinandersetzungen, bei denen sie dann aber – im Falle des Erfolges – *keine ausreichende Befriedigung* empfinden.

Kinder können allerdings auch bei etwa ähnlicher psycho-physischer Ausstattung von ihren Eltern sehr unterschiedlich aufgenommen und geliebt werden: Sei es, daß eine Mutter sich in ihrer Tochter wiederfindet und den Sohn ablehnt. Sei es, daß der Vater den Sohn als Nachkommen begrüßt und von Mädchen nichts hält. Es gibt auch die bevorzugte Liebe zu einem Kind, das der eigenen Mutter, einem geliebten Bruder oder einer geliebten Schwester ähnlich zu werden verspricht. Und es gibt (umgekehrt) die Abneigung gegen ein Kind, das Ähnlichkeiten mit einem sehr gehaßten

Familienmitglied aufweist. Daneben gibt es den vergötterten Nachkömmling ebensogut wie das abgeschobene und unerwünschte letzte Kind, das die Kräfte der Mutter überfordert. Es gibt das geliebte „Sorgenkind“ ebenso, wie die abgelehnte „Mißgeburt“, deren Existenz eine dauernde narzißtische Kränkung für die Eltern ist.

Aus solchen und ähnlichen Konstellationen, in denen sich ein Kind dauerhaft und vergeblich um die gleiche Liebe bemühen muß, wie sie der Bruder oder die Schwester erhalten, und vielleicht sogar im direkten Kampf mit den Geschwistern immer der Unterlegene bleibt, ergeben sich die zugehörigen neurotischen Persönlichkeitsmuster: Der später erwachsene Mensch erlebt rasch aufwallende Rivalitätsgefühle und stürzt sich auch dann unvermutet in Rivalitätskämpfe, wenn dafür kein realer äußerer Anlaß gegeben ist. Wir werden den Rivalitätsproblemen eines Menschen sicherlich noch in mancherlei Varianten begegnen, wenn wir den Bereich der Berufs- und Arbeitswelt der Patienten ins Auge fassen. Wenn wir die familiären Lebensbereiche beschreiben wollen, in denen sich Rivalitätskonflikte zu einer pathogenen Situation verdichten, dann trennen wir am besten auf folgende Weise:

1. Die Rivalität in der eigenen neuen Familie
   - Häufigster Typ: Rivalität einer Frau mit dem eigenen Ehemann
   - Seltener: Rivalität eines Mannes mit seiner Ehefrau
   - Gelegentlich: Rivalität mit den eigenen Kindern
2. Rivalitätskonflikte (meist verborgen und nicht sofort auffindbar), die sich auf die *Herkunftsfamilie* beziehen.

Für die Rivalitätskonflikte, die eine Frau ihrem Freund oder Ehepartner gegenüber empfindet, hatte ich bereits auf Seite 49 ein Beispiel gebracht. Wenn eine Tochter dauernd im Schatten ihres Bruders stand, der zum Star der Familie wurde, dann ist es möglich, daß die später heranwachsende junge Frau auch mit ihrem eigenen Mann in einen dauerhaften Rivalitätskonflikt um Geltung und Leistung gerät.

Oder ein Sohn war neben der talentierteren älteren Schwester immer der Dummerjan der Familie. Er wählt einen sozial wenig geachteten gewerblichen Beruf und heiratet schließlich in „Schwesternübertragung“ eine 2 Jahre ältere Frau, die eine angesehene Buchhalterin ist. Die verleugnete, aber dennoch in Haltungen sich durchsetzende Rivalität des Mannes seiner überlegenen Frau gegenüber gibt ständigen Anlaß zu verdrießlichen Reibereien und wird zum krankheitsauslösenden Faktor, als die Ehefrau ihre günstigere Position in einer neuen Firma sogar noch ausbauen kann.

Das „Aschenputtel“ in der Familie, das sich eine ganze Kindheit hindurch nicht neben der schönen Schwester und „Glanztochter“ der Familie behaupten konnte, ist prädestiniert, langjährig immer dann den alten schmerzhaften Rivalitätsstachel zu erleben, wenn sie sich mit anderen Frauen vergleicht. Sie unterliegt dem Einfluß ihrer neurotischen Dynamismen auch dann, wenn die vermeintlichen Rivalinnen objektiv keineswegs anziehender oder schöner sind als sie selbst. Und wir beobachten bei diesen Frauen nicht selten, daß sie in ihrer unsicheren Identität als Frau kein Geschick erlangten, sich ein ansprechendes Äußeres zu geben, sondern daß sie sich entweder betont schmucklos oder gar betont nachlässig bis entstellend kleiden.

Rivalitätskonflikte, die sich zwischen zwei Ehepaaren abspielen, sind für den Beobachter meist relativ leicht zu erfassen und zu verstehen. Leichter jedenfalls als jene Probleme, die sich immer dann ergeben, wenn die überdauernden Rivalitätskonflikte mit den Geschwistern im *weiteren Lebensraum* der Patienten zum pathogenen Faktor werden:

Ein benachteiligter Bruder kann sich mit viel kompensatorischer Mühe zu einem bestimmten Niveau empor entwickelt haben, das ihn mit dem begünstigteren Bruder beruflich etwa auf eine Ebene stellt. Dann erlebt er, daß es dem langjährigen Rivalen gelingt, eine Frau für sich zu gewinnen, die durch ihr liebenswertes Äußeres in der gesamten Verwandtschaft Entzücken erregt und die zugleich noch wohlhabend ist. Die Freundin des Patienten selbst ist hingegen nach seiner eigenen Aussage „zweite Wahl“. Eine Frau, mit der er sich begnügte, weil das Mädchen, um das er eigentlich geworben hatte, ihm einen Korb gegeben hat.

Oder eine langjährig zurückgesetzte Tochter hat zwar eine eigene Familie gegründet und hat auch eigene Kinder, aber die dauerhafte Werbung um die Liebe der Mutter hat sie nicht aufgegeben. Durch zahlreiche Hilfs- und Dienstleistungen konnte sie sich schließlich eine gewisse Position erwerben. Die Patientin erkrankt, als sie erlebt, wie sie diese Position umgehend wieder verliert, als der „Liebling“ auftaucht und all ihre Bereitschaft zur Übernahme von Pflichten und Verantwortung der Mutter gegenüber in deren Augen nun nichts mehr bedeutet. Die neurotische Symptomatik der Patientin bricht auch schon deshalb aus, weil diese einen Teil ihrer Rivalitätskonflikte mit der Schwester um die Liebe der Mutter auch in die eigene neue Familie hineingetragen hat: Ohne es zu bemerken, erträgt sie es nicht, wenn der Ehemann die zweitgeborene kleine Tochter vor dem Sohn bevorzugt und dieser Tochter (vermeintlich) mehr Liebe und Zuneigung widmet als der eigenen Frau.

Mit dieser soeben angedeuteten konflikthaften Problematik leite ich nun über zu dem nächsten Kapitel, das dem dauerhaften neurotischen Besitzkonflikt in einer Familie gewidmet sein soll. Allerdings will ich nicht versäumen, noch einmal darauf hinzuweisen, daß wir bei dem Thema „Rivalitätskonflikt" den Wunsch nach *Macht* und Einfluß von der Sehnsucht nach *Bewunderung* und Anerkennung abheben sollten. Und daß wir außerdem in Rechnung stellen, daß eine sogenannte neurotische „Geltungssucht" fast immer die Folge eines sehr frühen und schmerzlichen Verzichts ist: Das Kind mußte in jungen Jahren die Hoffnung aufgeben, von den Eltern wirklich geliebt zu werden. Neurotisches *Geltungsstreben anstelle von Liebeswerbung* ist eine häufige neurotische Kompensationsform.

5. Besitzkonflikte in Partnerschaft und Familie („orale" Problematik)

Freud hatte bekanntlich zunächst die verdrängte und zielgehemmte Sexualität in den Mittelpunkt seiner Neurosenlehre gestellt und nach eigener Aussage erst später verstanden, daß auch der „Aggressionstrieb" zum Kernpunkt neurotischer Reaktionsweisen und Krankheitsbilder werden kann. Das „orale" Thema wurde dann in Berlin von Karl Abraham sehr deutlich herausgearbeitet und später von seiner Schülerin Melanie Klein in vielfältigen Varianten beschrieben. Unter anderem hat sie das Thema des neurotischen Neides behandelt. Auch Schultz-Hencke und seine Arbeitsgruppe haben die Eigenständigkeit „oraler" Erlebnisweisen für wichtig gehalten und diesem Erlebnisbereich eine mindestens ebenso große Eigenständigkeit zugewiesen wie dem des „Aggressionstriebes".

In der „orthodoxen" Gruppe der Psychoanalytiker nahmen und nehmen allerdings die oralen Themen sowohl bei Falldarstellungen wie in der Theorie einen eher begrenzten Raum ein. Sexualität und Aggressivität, Haß und Liebe waren und sind jene vorrangigen Triebregungen, die wir als Themen in den Darstellungen von Krankengeschichten dieser Arbeitsgruppe finden, während die „Oralität" nach wie vor – wie bei FREUD – als ein „libidinöser Partialtrieb" angesehen und behandelt wird.

Dabei hat das soziale Tabu, das auf der Erörterung der Geldprobleme gelegen hat oder zeitgeschichtlich noch liegt, gewiß auch viele Psychoanalytiker beeinflußt. Dies ist insofern nachteilig, als neurotische Geld- und Besitzprobleme in einer Familie mindestens ebenso häufig, wenn nicht häufiger, zum Krisen- und Konfliktherd werden, wie aggressive Auseinandersetzungen, Rivalität oder Unzufriedenheiten im Bereich der Sexualität. Zudem können finanzielle Verwicklungen zwischen zwei Menschen häufig nur sehr schwer gelöst werden: Selbst wenn sich schon längst herausgestellt hat, daß Zuneigung, Sympathie und sexuelle Übereinstimmung bei einem Paar verloren gegangen sind und daß täglicher Streit den Alltag beherrscht, können doch die wechselseitigen ökonomischen Abhängigkeiten noch so verflochten sein, daß das finanzielle Element (zum Nachteil für alle Beteiligten) zur entscheidenden Klammer der Gemeinsamkeit geworden ist.

Genauere Einzelheiten über neurotische Reaktionsweisen im Bereich von Eigentum, Geld und Besitz will ich erst in einem späteren Kapitel darstellen. In diesem Abschnitt will ich nur einige Anhaltspunkte dafür geben, wo man die Quellen für konflikthafte finanzielle Auseinandersetzungen zwischen Partnern und Familien suchen kann, und ich will zugleich an drei Fallbeispielen die hierhergehörige neurotische Reaktionsweise illustrieren.

Bei der Beurteilung ökonomischer Probleme in einer Partnerbeziehung ist es ratsam, zunächst einen Überblick über folgende Fragen zu gewinnen:

1. Vermögenslage beider Partner zum Zeitpunkt, in dem die Bindung eingegangen wurde.
   - Sehr ungleiche Lage (ein Partner vermögend, ein Partner besitzlos).
   - Sehr ungleiche Lage (ein Partner hohe Schulden, ein Partner per „altruistische Abtretung" bereit, diese Schulden zu übernehmen).
   - Einigermaßen ähnliche Besitzlage.
2. Besitzverhältnisse in den Herkunftsfamilien.
   - Etwa ähnliche Besitzverhältnisse.
   - Sehr ungleiche Besitzverhältnisse.
   - Erbschaftskonflikte mit Geschwistern zu erwarten.

3. Gegenwärtige Einkommensverhältnisse der Partner.
   - Ein Partner verdient, ein Partner versorgt den Haushalt.
   - Beide Partner verdienen in etwa gleicher Höhe.
   - Beide Partner verdienen, aber in sehr unterschiedlicher Höhe.
   - Keiner der Partner verdient (der Haushalt wird durch Angehörige oder Ämter finanziert).
4. Umgang mit Geld und Besitz.
   - Etwa ähnliche Tendenzen, Geld einzuteilen und zu verwalten: Z. B. ähnliche Neigung, gewisse Rücklagen anzusammeln, Vorsicht beim Ausgeben größerer Summen, Einteilen auch von kleinen Summen.
   - Erhebliche Unterschiede im Umgang mit Geld und Eigentum: Z. B. ein Partner neigt zum Schuldenmachen und planloser Geldwirtschaft, der andere spart, sammelt und reagiert mit Verlustängsten, wenn kein hohes Sparkonto vorhanden ist.

Die Variabilität der Gewohnheiten im Umgang mit Geld ist bei den Menschen groß. Ebenso zahlreich sind die verschiedenen Arrangements, die zwei Partner in bezug auf ihre Vermögenslage miteinander treffen. Gewiß sind Unstimmigkeiten und Ärgernisse, die zwei Menschen bei der Klärung finanzieller Probleme miteinander erleben, zahlreich. Aber ebenso gewiß sind sie auch nicht immer neurotisch. Ich gebe im folgenden drei einprägsame Beispiele von Krankengeschichten, in denen die finanziellen Verwicklungen einer Ehesituation aus *neurotischen Gründen* den Stellenwert einer auslösenden Konfliktsituation gehabt haben.

Fall 1: Verdrängte Geldproblematik

Eine 26jährige, adrett und in gewisser Weise „drahtig“ wirkende junge Fabrikarbeiterin kommt wegen Ohnmachtsanwandlungen und Schwindelzuständen. Sie ist krankgeschrieben und kann weder wie früher an einer Maschine arbeiten, noch an Betriebsratssitzungen teilnehmen, da sie niemals sicher ist, ob sie nicht von den Schwindelzuständen überfallen wird. Die Symptomatik besteht seit etwa 3 Monaten.

Die Patientin hat aus erster geschiedener Ehe bereits einen 8jährigen Jungen, der aber bei seinem Vater lebt. Die Ehe wurde übereilt des Kindes wegen geschlossen. Der Vater sei Alkoholiker gewesen. Die Trennung erfolgte früh, und das Kind blieb beim Vater.

Die Patientin ist jetzt mit einem 33jährigen Mann verheiratet, der noch in der Umschulung ist und einmal Sozialarbeiter werden will.

Dieser Ehemann hat ebenfalls eine gescheiterte Ehe hinter sich. Er fand seine Frau mit einem anderen Mann im Bett und ließ sich umgehend scheiden. Auch er hat ein Kind aus dieser Ehe, das bei der Mutter blieb und für das er regelmäßig zahlt (wie auch die Patientin), ohne daß er engeren Kontakt zu diesem Kind hätte.

Die Patientin trägt als *Problem* ihrer *Ehesituation* vor, daß ihr Mann sie sehr bedränge, weil er mit ihr jetzt bald ein Kind haben wolle. Er hätte seine Tochter der Frau überlassen müssen, sie – die Patientin – hätte ebenfalls ihren Sohn dem ersten Mann übergeben. Es wäre wichtig, wenn ihre Ehe jetzt durch ein gemeinsames Kind Erfüllung und Halt fände. Die Patientin ist voll von Schuldgefühlen, weil sie diesem Wunsch ihres Mannes nach einem Kind nicht begeistert folgt. Zur Zeit kann sie ihre Krankheit als Begründung dafür heranziehen, daß sie nicht in der Lage ist, ein Kind zur Welt zu bringen und zu versorgen.

Die *Verdrängungsdecke* bei der Patientin, die den finanziellen-oralen Bereich betrifft, ist so erheblich, daß ich erst im dritten Gespräch mit ihr die sogenannte „orale" Problematik ergründe, die einen wesentlichen Anteil an dem Widerstand der Patientin gegen ein weiteres Kind hat. Zugleich wirft diese Problematik ein besonderes Licht auf das Beziehungsmuster, das die beiden Eheleute miteinander verbindet:

Die Patientin berichtet mir, als ich mich nach ihren finanziellen Verpflichtungen und Möglichkeiten erkundige, daß sie bei der Heirat mit ihrem jetzigen Mann von dem Ehemann DM 20000 an *Schulden* übernommen und auf ihr eigenes Konto als Verpflichtung eingesetzt hätte (!). Dies sei deshalb geschehen, weil ihr Mann seine Schulden auf sehr vielen verschiedenen Konten gehabt hätte. Er habe auch sein eigenes Konto bei der Bank nicht mehr überziehen dürfen. Sie selbst habe daher mit ihrer Bank das Arrangement getroffen, daß die Gesamtschulden auf diese ihre eigene Bank übertragen würden und daß sie das Geld mit entsprechendem Zins- und Tilgungssatz innerhalb der nächsten 5 Jahre zurückzahlen würde.

Die Patientin hat eine verhältnismäßig hohe Summe für diese Tilgungs- und Zinszahlung angesetzt. Sie kann sie aber erfüllen, da sie eine tüchtige Arbeiterin ist, die einen hohen Stundenlohn hat. Die Patientin kann aber mit Hinblick auf diese Schuldensituation selbst ihr Konto nicht mehr überziehen. Hingegen hat der Ehemann, der zur Zeit BAFöG bezieht, gelegentlich die Möglichkeit, „in die roten Zahlen" zu gehen. Der Ehemann hat zwar eine Arbeitsstelle in Aussicht, diese ist aber noch ungesichert, und es ist auch schon vorherzusehen, daß er auf keinen Fall soviel verdienen würde, wie die Patientin zur Zeit in den gemeinsamen Haushalt einbringt.

DISKUSSION: Für den Außenstehenden liegt nach der Schilderung der Patientin folgende *Realsituation* auf der Hand: Wenn die Patientin ein Kind haben würde, hätte sie zwar für eine Weile Anspruch auf Mutterschutz und Mutterschaftsurlaub. Dann aber müßte sie das Kind entweder in die Krippe geben (was sie auf keinen Fall will), um weiter hoch zu verdienen. Oder sie würde das Kind selbst versorgen, dann aber nicht mehr arbeiten und damit auch nicht in der Lage sein, die Schulden des Mannes abzuzahlen. Noch weniger könnte dann eine 3köpfige Familie von dem Verdienst des Mannes allein einigermaßen auskömmlich leben. Immerhin fuhr das Ehepaar zur Zeit der Konsultation einen BMW, hatte eine komfortabel eingerichtete 3-Zimmer-Wohnung und machte Reisen. Überdies wurden auch die Summen für die beiden Kinder aus der ersten Ehe von der Patientin beglichen.

Das *neurotische Problem* in dieser Konstellation lag im wesentlichen in der Unfähigkeit der Patientin, diese real gegebene Situation als faktisches Hindernis für eine zweite Schwangerschaft zu erkennen und mit dem Ehemann zu besprechen. Aus vielfältig determinierten Gründen ließ sie sich einreden, daß tatsächlich die Mutterschaft zum gegebenen Zeitpunkt das Richtige und „Normale" wäre.

Auf der Seite des Ehemannes (den ich kurz kennenlernte) war dabei ganz deutlich zu spüren, daß sein Wunsch nach einem Kind sehr stark davon beherrscht war, daß er seine Frau mit diesem Kind festhalten wollte. Er verleugnete seinerseits die drohenden Geldschwierigkeiten und sprach in neurotischem Pseudooptimismus davon, daß sich „alles schon regeln würde".

Im Hintergrund spürten wohl beide Eheleute, daß sie sich in illusionärer Verkennung der gegebenen Lage von der zweiten Ehe die Kompensation aller Kümmernisse aus den mißglückten ersten Ehen erwarteten. Dabei war das Kind von seiten des Mannes nicht nur aus Kinderliebe geplant, sondern gewissermaßen als Kitt für die Ehe und aus Angst vor dem Verlust der jetzigen für ihn sehr wichtigen Bindung.

Die Patientin selbst hatte ein Leben hindurch in „altruistischer Abtretung", Sorgen, Probleme und Schwierigkeiten anderer auf die eigenen Schultern genommen und ihre eigenen Bedürfnisse zurückgestellt. Zur Zeit der Untersuchung war sie dann schließlich mit einer neurotischen Symptomatik erkrankt, weil sie auf den Mechanismus der neurotischen Hilfsbereitschaft festgelegt war und das selbstschädigende Arrangement, um das ihr Mann sie bat, weder erkennen noch abwehren konnte.

Fall 2: Sehr ungleiche Vermögensverhältnisse

Ein 36jähriger Jurist kam mit einer Magensymptomatik und depressiven Verstimmungen. Auch seine Frau kränkelte mit zahlreichen „nervösen“ Beschwerden. An „lebensverändernden Ereignissen“ war vorausgegangen, daß die Ehefrau einen erheblichen Teil ihres eigenen Vermögens verloren hatte. Der Patient selbst hatte sich finanziell sehr deutlich verbessert. Die finanziellen Möglichkeiten des Paares waren (in der Summe gesehen) fast unverändert geblieben, es hatte sich aber eine nicht unerhebliche Verschiebung des Gleichgewichtes zugunsten des Mannes vollzogen.

Die Wurzeln für den sich jetzt abspielenden neurotischen Konflikt waren in folgender Vorgeschichte zu finden:

Der Patient hatte kurz nach Beendigung des Studiums in eine sehr wohlhabende Kaufmannsfamilie „eingeheiratet“. Seine Frau war eine hübsche und lebendige, aber sehr verwöhnte junge Person, die mit großem Vermögen rechnen konnte. Der juristisch gebildete Schwiegersohn war in der Familie der Frau willkommen, weil er als späterer Wirtschaftsjurist gut in der Lage war, das große Vermögen der Familie zu verwalten.

Es gab eine Sprachregelung in der Familie, das die unterschiedlichen Vermögensverhältnisse der Eheleute belanglos wären. Der Ehemann habe durch seine Umsicht und seinen Verstand zur Mehrung und Wahrung des Vermögens in großem Umfang beigetragen. Diese „Sprachregelung“ war vermutlich objektiv richtig. Trotzdem blieben bestimmte Hintergrundsprobleme weiterhin aktiv: Keiner der beiden Partner konnte die Erinnerungen seiner eigenen Kinderzeit ganz abschütteln. Der Ehemann – er stammte aus sehr kleinen bäuerlichen Verhältnissen – war als talentierter Junge in die Stadt auf's Gymnasium gegeben worden. Dort hatte er seinen Weg gemacht. Seine Kindheit war von Armut und Sparsamkeit bestimmt gewesen. Die Tendenz durch Fleiß und Tüchtigkeit aufzusteigen, hatte sich durchgesetzt und auch zum Erfolg geführt.

Die Ehefrau hatte nie etwas anderes kennengelernt als Wohlstand, Überfluß und sehr großzügigen Lebensstil, wenngleich geistige Interessen in der Familie wenig gepflegt wurden. Zu Beginn der Ehe waren beide Eheleute nicht nur sehr ineinander verliebt, sondern auch wechselseitig aufeinander stolz. Die junge Frau, daß sie einen intelligenten und gutaussehenden Akademiker heiratete. Der Ehemann, daß er eine hübsche, ansehnliche und wohlhabende Frau für sich gewonnen hatte, mit der er sich sehen lassen konnte.

Der Lebensstil des Ehepaares wurde von den Gewohnheiten der Ehefrau bestimmt. Dies bot zunächst auch keine Probleme, da der spätere Patient sich ganz gern in den neuen Lebensstil hineinfand. Eine erhebliche Krise ergab sich dann erstmals, als der Patient spürte, daß es für ihn abträglich sei, im Wirtschaftsunternehmen der Schwiegereltern den „Hausjuristen" abzugeben. Er wollte sich verselbständigen oder Mitarbeiter eines anderen Konzerns werden. Mit der Verwirklichung dieser Pläne trat eine erste Verschiebung in dem verborgenen Gleichgewicht der Familie ein. Die Schwierigkeiten spitzten sich zu, als das Wirtschaftsunternehmen des Schwiegervaters des Patienten in eine große Krise geriet und schließlich Konkurs anmelden mußte. Die Ehefrau verlor zwar nicht vollständig ihren Vermögenshintergrund, aber doch einen beträchtlichen Teil, und so hatte sich die oben erwähnte Verschiebung im Gleichgewicht zwischen den Eheleuten zugunsten des Ehemannes ergeben.

In dieser veränderten Situation wäre es auf seiten der Ehefrau nötig gewesen, daß sie ihre früheren Lebensgewohnheiten und ihre Neigung zu luxuriösen Extravaganzen aufgegeben hätte. Sie hatte nicht mehr so viel persönliches Vermögen, um das aus eigener Kraft zu bestreiten. Der Verdienst des Ehemannes war zwar immer noch hoch, aber der griff jetzt auf die Lebensgewohnheiten seiner eigenen Kinderjahre zurück: Er neigte eher dazu, zu sparen, einzuteilen und zu verwalten und wollte bestimmte Luxuswünsche seiner Frau nicht mehr erfüllen.

Für den Freundeskreis oder den naiven Betrachter hatte sich in der finanziellen Situation der Eheleute gar nicht so sehr viel verändert. Verändert hatte sich hingegen das sublime Kräftespiel zwischen den Eheleuten: Auf beiden Seiten kam eine neurotische Unfähigkeit zutage, die neu gegebene Situation zu reflektieren, die Schwierigkeiten zu besprechen und einen Ausgleich zu suchen. Der *Dauerstreit* in dieser Ehe ging nun um Geld. Obgleich durchaus noch genügend Geld vorhanden war, um auch verhältnismäßig hohen Ansprüchen zu genügen, wurden Einzelprobleme immer wieder zum Auslöser von haßerfüllten Auseinandersetzungen. Die hier vorliegende finanzielle Dauerproblematik konnte ohne therapeutische Hilfe nicht geklärt und gelöst werden.

Fall 3: Geldverwaltung und Macht

Eine 42jährige Patientin erkrankt mit einer Straßenangst, die sie hindert, die kleinsten Einkäufe zu machen. Sie muß regelmäßig von einer befreundeten Nachbarin im Hause begleitet werden, sofern nicht der Ehemann nach Arbeitsschluß diese Schutzfunktion übernimmt.

Die finanzielle Problematik, die im Hintergrund der Ehekrise stand, war durch folgende Eigentümlichkeiten gekennzeichnet: Der Ehemann war

Alleinverdienender, er hatte aber keinen Überblick über das Geld, sondern gab seiner Frau alles und vertraute ihr, daß sie das Geld gut einteilen würde.

Die Frau hatte früh gelernt, mit kleinen Beträgen sehr genau zu rechnen. Sie gehörte zu jenen Frauen, die „aus nichts etwas machen". Ohne daß die Familie es sehr zu spüren bekam, verstand sie es, durch geschicktes Einkaufen den Etat für das Essen, für die Kleidung, für die Reinhaltung der Wohnung u. ä. so niedrig zu halten, daß sie immer noch etwas Geld zurückbehielt und einen sogenannten Notgroschen beiseite legte. Der Ehemann „prahlte" mit seiner Frau, die nicht nur sehr ansehnlich aussah, sondern die auch den Haushalt so geschickt zu führen wußte. Er brachte gerne seine Freunde mit nach Hause in die Wohnung, die für sein soziales Milieu (Busfahrer) besonders anheimelnd eingerichtet war.

Die Patientin lebte in der Vorstellung, daß das von ihr gut verwaltete Geld und die erwirtschaftete finanzielle Rücklage auch in ihren Zuständigkeitsbereich gehörte. Zu dieser Vorstellung hatte sie gewiß auch in den Augen ihrer Umwelt ein Anrecht.

Unvermutet setzte sich aber bei dem Ehemann gerade in dieser Hinsicht ein *Machtanspruch* durch. Aus zahlreichen – hier nicht näher zu beschreibenden – Gründen hatte er sich seiner Ehefrau doch immer in vielerlei Hinsicht unterlegen gefühlt. Eines der Motive für dieses Unterlegenheitsgefühl wurzelte gewiß in der Tatsache, daß er wenig Überblick über Geld hatte, Finanzaktionen gar nicht kannte und die umsichtige Frau nicht nur beneidete, sondern ihr Übergewicht gelegentlich doch als recht störend empfand.

Als die Ehefrau DM 10000 angespart hatte, ging er eines Tages hin und kaufte sich – ohne die Ehefrau zu fragen – in einen Bausparvertrag ein, um später mit Hilfe dieses Bausparvertrages an seinem Heimatort die Schwester auszahlen zu können, wenn die Mutter, die ein Haus besaß, verstorben war. Er wollte dann selbst mit seiner Frau in diesem Haus leben.

Die Patientin hatte nicht den geringsten Impuls, aus der eigenen Stadt wegzuziehen und an den Heimatort des Mannes zu gehen. Zudem war sie empört über den Vertrauensbruch.

Die *neurotische Problematik*, die hinter dieser kurz skizzierten Situation wirksam war, bekundete sich schon im Verhalten der Patientin: Sie gab ihrem Mann zunächst nach, war zwar empört, trauerte auch über das verlorene Geld, fügte sich dann aber in den Wunsch des Mannes, das Geld für die Auszahlung der Schwester zu benutzen. Als die Straßenangst ausbrach, war leicht zu sehen, daß das Krankheitsgeschehen sehr vielfältig determiniert war:

In der Beziehung zu ihrem Mann bekundete sich die neurotische Problematik der Patientin hauptsächlich durch ihre dauerhafte Verleugnung seiner Unterlegenheit. Gleichzeitig verdrängte sie alle eigenen Wünsche, sich vielleicht doch noch einmal von ihm zu lösen. Diese Verdrängung blieb auch mit Hinblick auf die Anhänglichkeitsgefühle der Patientin aktiv. Der Mann war nicht nur immer für ihre gemeinsamen Kinder ein treuer Familienvater gewesen. Er hatte die Patientin auch mit einem unehelichen kleinen Jungen geheiratet und diesen voll als seinen eigenen Sohn akzeptiert. Hier lagen für die Patientin zwei gegensätzliche Impulse im unbewußten Widerstreit: Der Wunsch, sich zu lösen einerseits, die Anhänglichkeit an die langjährig gelebte Ehe andererseits. In der Tendenz, sich selbst die Unterlegenheit des Mannes nicht allzu deutlich werden zu lassen, hatte die Patientin ihre eigene Tüchtigkeit in finanziellen Dingen immer heruntergespielt. Zugleich hatte sie aber doch die Macht genossen, die mit der Verwaltung des erarbeiteten Geldes des Ehemannes zusammenhing. Dieses langjährige Interaktionsmuster zwischen den Eheleuten hatte dann bei der Patientin zu einer Unfähigkeit geführt, die gegebene reale Finanzsituation mit ihrem Mann zu besprechen und schließlich – anläßlich der aufgekommenen Eigenmächtigkeiten des Ehemannes – verhindert, daß sie die eigenen Ansprüche geltend machen und durchsetzen konnte. Die Bereitschaft der Patientin, sich in die Wünsche ihres Mannes zu fügen, war deutlich neurotisch determiniert: Die durchaus tatkräftige Frau hätte eine kämpferische Auseinandersetzung mit dem Ehemann jedenfalls doch riskiert, wenn sie nicht gleichzeitig hätte fürchten müssen, daß sie bei einem solchen Kampf die Selbstachtung ihres Mannes erheblich in Frage stellen würde und das damit das (neurotische) Gleichgewicht zwischen ihnen beiden eine harte Probe zu bestehen hätte.

Gewiß kam für die Patientin auch noch hinzu, daß die gemeinsame Betreuung der vier Kinder für beide Eheleute ein stark bindendes Element gewesen war, das die Patientin auch über manche Enttäuschung an ihrem Mann hinweggetröstet hatte. Als alle Kinder von den Eltern in eine gute Berufsausbildung hineingeführt worden waren, hätte die 45jährige Patientin gut noch einmal ein eigenes neues Berufsleben beginnen können. Sie strebte diese Entwicklung im Grunde auch an und erlebte dann, daß der Ehemann einen Riegel vor eine solche Verselbständigungstendenz schob, indem er sich heimlich und ohne ihr Wissen den Weg dafür ebnete, in seinen Heimatort und zu seinen früheren Verwandten zurückzukehren.

Da alle vier Kinder einen gänzlich anderen Lebensstil lebten, als es den Eltern möglich gewesen war, hatte der Ehemann sich schließlich von seinen Kindern zurückgezogen. Die Patientin selbst war in dieser Hinsicht ambivalenter. Sie wünschte sich zwar ein selbständiges und freieres Leben. Mit Hinblick auf eine Reihe von neurotischen Ängsten und Behinderungen war sie aber doch nicht in der Lage, diesen Weg klar auszuphantasieren und auch die Ehesituation ebenso wie die Beziehung zu ihren Kindern noch einmal zu überdenken: Die Symptomatik brach aus.

Die Beziehung der Patientin zu ihren Kindern hatte dabei im Bedingungsgefüge ihrer Krankheit eine recht große – hier nicht genauer erörterte – Rolle gespielt. Im nächsten Kapitel werden wir mehr Einzelheiten darüber hören, wie die Beziehung zu den eigenen Kindern das Leben erwachsener Menschen beeinflussen kann und wie sich unter bestimmten Bedingung die Lösung der älteren Generation von der jüngeren gestaltet.

6. Die Beziehung zu den eigenen Kindern

In unserem Kulturkreis ist es seit einigen Jahren möglich, eine einigermaßen zuverlässige Familienplanung zu treiben. Unter den Müttern und Vätern der jetzigen jungen Elterngeneration werden wir also weniger Menschen finden, für die es im bewußten Erleben eine Katastrophe bedeutet, daß eine Schwangerschaft gänzlich gegen ihre Absichten eingetreten ist. Die Zahl der sehr jungen Mütter, die unehelich schwanger werden, geht zurück. Insgesamt heißt es, daß zur Zeit etwa 30 Prozent aller Frauen kinderlos bleiben und daß man damit rechnet, daß in Zukunft etwa 40 Prozent aller Frauen keine Kinder haben werden. Man möchte also hoffen, daß die Zahl der Kinder, denen das Schicksal von vornherein ein unglückliches Los zugeteilt hatte, weil die Gesundheit der Mutter, die sozialen Verhältnisse oder die Ehesituation gänzlich zerrüttet waren, inzwischen zurückgegangen ist. Für den kinderpsychiatrisch geschulten Beobachter ist aber deutlich, daß zwar die sehr gravierenden Belastungen in einem Kinderschicksal gemindert sind, daß wir es aber andererseits mit neuen Problemen zu tun haben:

Für junge Frauen, die eine Berufsausbildung absolviert haben wird es (vor allem, wenn sie einen differenzierten Beruf nach langer Ausbildung erreichen konnten) häufig zu einem echt antinomischen Konflikt, wenn sie vor der Entscheidung stehen, ob sie wirklich ein Kind haben wollen für das sie dann ihre berufliche Tätigkeit entweder zunächst ganz aufgeben müßten oder doch mindestens sehr einschränken! Fällt bei einer solchen Frau die Entscheidung für das Kind aus, dann darf man gewiß in einer großen Zahl der Fälle damit rechnen, daß der Umgang mit dem Kind – so anstrengend er sein mag – doch so viel neue und vertiefte Gefühlsmöglichkeiten für die Frau mit sich bringt, daß sie ihren Entschluß nicht bereut. Es gibt aber ebenso gewiß auch die Situation, in denen sich die Dauerambivalenz der Frau weiterhin durchsetzt: Sie möchte zwar die Kinder, die sie geboren hat, auf keinen Fall mehr missen. Andererseits leidet sie aber doch sehr darunter, daß sie an jenem expansiven Leben nicht mehr teilnehmen kann, das sie einmal mit ihrer Berufsausbildung geplant hatte. Ein solcher Konflikt braucht nicht neurotisch zu sein. Es handelt sich um eine normale – und oft sehr schwierige – Entscheidung für eine Lebensentwicklung, die die Preisgabe wichtiger Interessen verlangt. Und dies auch dann, wenn es der Frau gelingt, wenigstens in gewissem Umfang weiterhin berufstätig zu bleiben.

Das neurotische Gegenbeispiel zu der soeben geschilderten schwierigen Entscheidungssituation finden wie in folgender Konstellation: Eine Frau hat eine Berufsausbildung. Sie glaubt auch auf der bewußten Ebene, daß ihr an der Ausübung ihres Berufes sehr viel gelegen sei. Andererseits spürt sie halbbewußt, daß sie den Anforderungen und der Härte des Berufslebens doch nicht ganz gewachsen ist. Ihr Kinderwunsch entspringt dann dem (neurotischen) und unbewußten Motiv, der Berufstätigkeit zu entfliehen.

Diese Situation sollte man nicht verwechseln mit der ganz normalen Entscheidung einer Frau, die am Umgang mit Kindern und am Familienleben mehr Freude hat, als an irgendeiner Berufstätigkeit.

Neurotische Motive für einen Kinderwunsch gibt es bei Frauen wie bei Männern in großer Zahl. Ich will nur einige davon nennen und gleich hinzufügen, daß es noch nicht gesichert ist, ob ein Kinderwunsch, der aus neurotischen Quellen stammte, später die Eltern-Kind-Beziehung so nachteilig beeinflussen muß, daß das Kind Schaden nimmt. Immerhin ist es nützlich, sich bei der jetzigen jungen Elterngeneration – wenn sie als Patienten zu uns kommen – ein Bild darüber zu machen, wie die Beweggründe ausgesehen haben, die sie veranlaßten, ein Kind zu haben:

Es gibt die bewußt und trotzig angelegte Schwangerschaft junger Leute, die auf diesem Weg die Einwilligung ihrer Eltern zur Ehe erzwingen wollen. Diesen jungen Menschen fehlt meist eine konkrete Vorstellung darüber, wie stark ein Kind in den hilflosen Säuglingsjahren seine Eltern beansprucht und wie einschneidend sich das Leben eines Elternpaares mit einem Kind verändert. Es gibt den schon erwähnten Wunsch einer Frau, dem Beruf zu entfliehen. Es gibt auf seiten des Mannes (nach meiner Erfahrung häufiger als bei einer Frau) den Wunsch, mit Hilfe eines Kindes die Frau an sich zu binden und die Ehe zu halten. Es gibt auch zwischen einem Ehepaar die Entscheidung, eine vermeintlich abgeschlossene tiefgreifende Krise in ihrer Beziehung dadurch zu beenden, daß sie gemeinsam ein Kind haben. Es gibt – selten – den Kinderwunsch bei einer Frau Ende dreißig, wenn sie erlebt, daß ihre eigene heranwachsende Tochter mit 18 Jahren heiratet und ein Baby erwartet.

Wie gesagt, braucht ein ursprünglich einmal neurotisch determinierter Kinderwunsch nicht unbedingt dazu zu führen, daß die Eltern-Kind-Beziehung dauerhaft von solchen neurotischen Elementen geprägt ist. Ganz allgemein muß man heutzutage aber davon ausgehen, daß die junge Elterngeneration im Umgang mit ihren Kindern sehr stark *verunsichert* worden ist. Die kulturtypische Zeitströmung hat eine sehr deutlich spürbare *elternfeindliche* Haltung in der Populärliteratur, in Film und Fernsehen mit sich gebracht. Die Zahl der Sendungen in den Massenmedien, die das Schicksal eines vernachlässigten Kindes oder eines tapferen, aufrichtigen Jugendlichen im Kampf mit seinen bornierten, konsumorientierten Eltern schildern, ist übergroß. Ich gebe den Rat, die Beziehung von Patienten zu ihren Kindern zunächst einmal auch dadurch kennenzulernen, daß man in Erfahrung bringt, welches Maß an Schutz und Fürsorge sie *selbst* in ihrer Kindheit erfahren haben: Sind sie unter der belastenden Bedrückung aufgewachsen, die ein chronisch kranker Elternteil mit sich bringt? Waren sie Kinder in einer Streitehe, in der es nur Konflikte und nie eine Versöhnung gab? Haben sie einen Elternteil früh verloren und hat sich kein rechter Ersatz gefunden? Lebten die Eltern in ständigen wirtschaftlichen Sorgen? War der Umgang mit ihnen teilweise von großer Strenge und Härte geprägt, zum Beispiel pedantisch-regelmäßige Prügel oder willkürlich Schläge? Oder waren jüngere Geschwister da, deren Pflege und Versorgung zur Pflicht gemacht wurde?

Wir dürfen gewiß voraussetzen, daß es unterschiedliche und

auch unterschiedlich normale Beweggründe gibt, um sich ein Kind zu wünschen. Zugleich sind Eltern in unterschiedlicher Weise mit Kraft und Selbstvertrauen ausgerüstet. Unabhängig davon bleibt aber immer die Frage offen, wie sich die Beziehung der Eltern zu ihren Kindern wandelt, wenn das Kleinkind zum Schulkind wird, und wenn das junge Schulkind zum pubertierenden und schließlich heranwachsenden Mädchen oder jungen Mann geworden ist.

Wir finden so große und auch so grundsätzliche Unterschiede in der Beziehung von Müttern und Vätern zu Kleinkindern bzw. Schulkindern auf der einen Seite und zu pubertierenden Kindern oder heranwachsenden jungen Männern und Frauen auf der anderen Seite, daß ich hier auch in meiner Darstellung eine Trennung einschieben möchte. Die nachstehende Tabelle gibt eine kleine Übersicht über sehr spezifische neurotische Reaktionsweisen, die Mütter und Väter ihren Kindern gegenüber entwickeln können.

In dieser Tabelle findet sich allerdings kein Hinweis auf eine allgemeine Ambivalenz oder auf möglicherweise vorhandene feindselige Einstellungen. Ich habe nur vier besondere Gesichtspunkte genannt, die die Beziehung von Eltern zu ihren Kindern aus neurotischen Gründen konflikthaft gestalten können. Als fünften Punkt habe ich dann allerdings noch ein Thema eingeführt, das nach meiner Einschätzung bislang unzureichend beobachtet und beschrieben worden ist und dem ich eine zusätzliche Erörterung widmen möchte.

Die Beziehung zu den eigenen Kindern

1. Delegation eigener Wünsche
2. Invertierte Kind-Eltern-Beziehung
3. Partnerersatz
4. „Geschwisterübertragung" (Rivalität, Fürsorge, Neid usw.)
5. Die Ablösung der älteren Generation

Den Inhalt dieser Tabelle brauche ich kaum im einzelnen ausführlich zu erläutern: Daß Eltern sich in ihren Kindern wiederfinden möchten ist normal. Daß sie den Kindern Gesundheit und ein gutes Fortkommen wünschen ebenfalls. Auch, daß die Eltern lieber ansehnliche, hübsche und leistungsfähige Kinder haben, als schwerfällige und äußerlich von der Natur nicht begünstigte. Sofern aber bei den Eltern eigene Lebenswünsche abgeschnitten worden sind und nun aus neurotischen Gründen von den Kindern erfüllt werden sollen, dann gibt es aller Voraussicht nach recht schwere Familienkrisen, wenn das Talent des Kindes und seine Neigungen den Wünschen der Eltern nicht entsprechen.

Es gibt auch dann eine Krise, wenn das Selbstgefühl des Vaters oder der Mutter so schwankend ist, daß ein unansehnliches, vielleicht behindertes oder insgesamt nicht besonders leistungsfähiges Kind für sie zu dem wird, was man eine „narzißtische Kränkung" nennt. Allerdings gebrauche ich den Begriff der „narzißtischen Kränkung" hier nur sehr ungern: Er gehört zu jenen zahlreichen Begriffen, die eine negative Einordnung der Eltern mit beinhalten und die in der Gedankenwelt des Therapeuten bereits ein negatives Klima schaffen, das sich auf die Beziehung zu einem Patienten jedenfalls auch ungünstig auswirkt.

Die „invertierte Kind-Eltern-Beziehung" ist ein heute eher seltenes Phänomen: Das Mütter oder Väter erwarten, daß ihre jungen Kinder für sie Entscheidungen treffen und Fürsorge übernehmen, kommt zwar vor, ist aber nach meinen derzeitigen Beobachtungen nicht mehr so häufig, wie in den Jahren, in denen die Zahl der ungewollten Schwangerschaften sehr viel größer war.

Häufiger hingegen ist die Situation, daß ein Kind von einem Elternteil in eine Art Partnerbeziehung gezogen wird bzw. daß ein Patient oder eine Patientin in problematischer Ehe oder nach einer Scheidung die Beziehung zu ihrem Kind „partnerschaftlich" gestaltet. „Partnerschaftlich" hieße in diesem Zusammenhang, daß die Mutter dem Sohn ihre Sorgen und Schwierigkeiten in der Lebensführung mitteilt, ihn um Rat fragt und unter Umständen die Schwierigkeiten mit dem Sohn bespricht. Diesem Sohn würde dann (falls er der älteste ist) auch eine Art Vaterrolle den jüngeren Geschwistern gegenüber zugeschrieben. Ähnlich partnerschaftlich kann eine Mutter-Tochter-Beziehung gestaltet werden. Wobei es vielleicht notwendig ist, nachdrücklich darauf hinzuweisen, daß ein gutes Einvernehmen und ein Sich-verständigen über familiäre Sorgen mit einer heranwachsenden Tochter nicht in dem jetzt hier angesprochenen Sinn eine neurotische „Partnerersatz-Beziehung" zu sein braucht.

Auch Väter können ihre Töchter als quasi-Partnerinnen erleben, ins Vertrauen ziehen, an sich binden und mit äußerster Eifersucht reagieren, wenn sich das junge Mädchen altersnahe Freunde sucht.

Die „Geschwisterübertragung" auf die eigenen Kinder enthält all jene Gefühlselemente, die eine Mutter oder ein Vater in den eigenen Kinderjahren mit ihren Geschwistern erlebt haben: Eine konflikthafte Geschwisterbeziehung kann zu Rivalitäts- und Neidgefühlen den eigenen Kindern gegenüber führen. Ebenso kann aber auch die fürsorgliche Mutterfunktion der ältesten Tochter für die jüngeren Geschwister (mit den zugehörigen Ambivalenzen) eine Rolle spielen.

Im Hinblick darauf, daß wir zur Zeit im psychotherapeutischen Feld ein sehr starkes Interesse an der sogenannten „Familientherapie" verzeichnen können und die „Systemiker" ihre Beschreibungen darüber veröffentlichen, wie eine Familie als kommunikatorisches System funktioniert, möchte ich hier noch einigen Irrtümern und Mißverständnissen vorbeugen.

Eine Familie ist zwar eine Menschengruppe, die unter einem Dach lebt und in der sich bestimmte Beziehungen ausgebildet haben. Eine Familie ist aber auf keinen Fall ein *statisches* System. Die Beziehungen von Eltern und Kindern, von Kindern zu Eltern, von Kindern untereinander, *verändern* sich *sofort*, wenn sich der Lebensraum eines der Beteiligten außerhalb der Familie verändert: Ein Kleinkind kommt in den Kindergarten, ein etwas älteres Kind wird eingeschult, ein 16jähriger nimmt Arbeit auf, ein 18jähriger macht Abitur, der Vater übernimmt eine Arbeit mit Schichtdienst oder gibt eine Arbeit mit Schichtdienst auf. Die Mutter nimmt eine Halbtagsbeschäftigung auf oder arbeitet überhaupt nicht mehr. Eine Hilfsperson kommt ins Haus, sei es eine Angehörige oder eine Angestellte. All diese Elemente tragen zu dem immer neuen Wandel der Familienstruktur bei.

Diese Gesichtspunkte sind insofern wichtig, als sich unter den genannten Aspekten auch die Bedeutung der Familienmitglieder für einander verändern und damit zugleich auch die vielleicht vorhandenen neurotischen Koalitionen zwischen den Beteiligten.

Wenn wir bei einem Vater oder einer Mutter lebhafte neurotische Konflikte mit den eigenen Kindern feststellen, dann sollten wir für eine richtige Einschätzung der Situation auch immer danach fragen, welche *Wichtigkeit* und welche positiven Seiten die Existenz des Kindes für Mutter oder Vater hat:

Selbst wenn wir feststellen, daß ein Kind seine Mutter daran hindert, (mindestens in ihrer eigenen Phantasie) neu zu heiraten oder sich aus einer gegebenen Ehe zu lösen, dann bleibt es doch immer eine bedeutungsvolle, existentiell hilfreiche Tatsache für die Frau, daß sie nicht allein ist, daß sie eine Aufgabe hat und daß sich ihr „Platz in der Gesellschaft", ihre soziale Identität durch das Kind positiv verändert.

Die Bedeutung einer Ehe mit Kindern oder (nach Scheidung) nur von Kindern als „Basis" für die Lebenssituation darf nicht unterschätzt werden. Dies vor allem dann nicht, wenn sich Patientinnen über die Lasten und Schwierigkeiten beklagen, die sie durch die Betreuung der Kinder verarbeiten müssen. Gegenwärtig gibt es ja daneben noch die Situation – freilich nicht so häufig – daß ein Mann den beruflichen Anforderungen ausweicht, indem er sich hauptamtlich der Betreuung seiner Kinder widmet, während die Ehefrau arbeitet. Es wird zur Zeit viel darüber diskutiert, ob diese veränderte „Rolle" eines Mannes nicht von den Frauen überhaupt verlangt werden könnte und das Ergebnis eines normalen Angleichungsprozesses wäre. Ich möchte hier keine Entscheidung wagen, andererseits bin ich sicher, daß es Männer gibt, bei denen die Entscheidung zu dieser Lebensform neurotische Wurzeln hat.

Insgesamt ändert sich die Beziehung von Patienten zu den eigenen Kindern sehr beträchtlich, wenn die Kinder herangewachsen sind und die Eltern es nun mit pubertierenden Jugendlichen zu tun haben.

Unter zeittypischen Aspekten ist es für die Eltern heutzutage sowieso nicht immer ein Vergnügen mit pubertierenden Jugendlichen umgehen zu müssen:

„Zeitgeist" und Rechtsprechung räumen den Jugendlichen nicht nur ein hohes Maß an Freiheit, sondern auch ein hohes Maß an finanziellen Ansprüchen an die ältere Generation ein. Finanzielle Forderungen der jüngeren Generation an die ältere Generation bis weit in das Mannesalter hinein sind einklagbar und werden auch eingeklagt. Die Beziehung von Eltern zu ihren jugendlichen und schon erwachsenen Kindern wird sehr häufig stark von der Tatsache beeinflußt, daß die zukünftige Beziehung auf sonderbare Weise zwiespältig sein wird: Die ökonomische Unselbständigkeit der jungen Generation bleibt sehr lange erhalten, gilt auch noch bei 25jährigen oder 30jährigen Männern und Frauen fast als etwas selbstverständliches. Dafür setzt aber trotzdem der normale und natürliche Trennungsprozeß ein, der auf seiten der jüngeren Generation ein unabhängiges Leben mit eigener Haushaltführung anstrebt.

Die Tatsache, daß die Lebensführung junger Menschen von der älteren Generation bezahlt wird, bringt auf seiten der jüngeren Generation häufig eine deutlich *neurotische Verleugnung* ihrer *faktischen Unselbständigkeit* mit sich. Auf seiten der älteren Generation beobachte ich einen Prozeß, der noch nicht sehr häufig beschrieben worden ist: Es ist derzeit noch ein Denkklischee, daß die ältere Generation es nicht verträgt, wenn die Jungen flügge werden und damit der Ablösungsprozeß einsetzt. Besonders bei jungen Leuten herrscht diese Vorstellung noch sehr vor.

Tatsächlich bahnt sich aber bei der älteren Generation unter den gegebenen Umständen ein Distanzierungs- und Ablösungsprozeß an, der oft recht tief geht und der von den jungen Menschen kaum verstanden und noch weniger vertragen wird. Im einzelnen sieht es dann im Erleben der Eltern etwa so aus, daß sie sich damit abgefunden haben, die vom Gesetzgeber nun einmal juristisch festgelegten Verpflichtungen erbringen zu müssen. Sie tun dies aber um den Preis, daß sie ihre innere Anteilnahme an der Entwicklung und dem Wohlergehen der jungen Leute zurücknehmen. 40- und 50jährige Mütter und Väter gehen ihre eigenen neuen Bindungen ein, bauen sich ihr eigenes neues Leben auf, zahlen den Scheck für den Unterhalt der Söhne und der Töchter, ziehen sich aber von ihnen zurück, da „die Ablösung ja notwendig ist" und die eigene Lebenserwartung in der gegenwärtigen kulturellen Epoche noch eine weite Zeitspanne bietet.

Wenn also heutzutage sehr viel über den nicht gelungenen oder den nicht zugelassenen Ablösungsprozeß der Eltern-Generation von den Kindern gesprochen wird, dann wäre es ratsam, diesem Problem das umgekehrte Gegenstück an die Seite zu stellen: Der Ablösungsprozeß der Eltern von den eigenen Kindern geht oft weiter und tiefer, als die jungen Menschen es erwartet haben und auch vertragen. Und dies um so eher, je deutlicher die Eltern die „Pseudounabhängigkeit" ihrer Söhne und Töchter durchschauen, zugleich mißbilligen und sich innerlich zurückziehen, weil ihnen das „Pseudoargumentieren" der jungen Leute zu lästig wird.

Wie gesagt, tritt diese Familienkonstellation zwischen Eltern und heranwachsenden Kindern jetzt an die Seite jener (früher und auch heute noch häufig beschriebenen) Konstellation, in der Eltern ihre finanziellen Verpflichtungen ausdrücklich gern übernehmen, weil sie die Kinder dadurch weiterhin binden und die Illusion aufrecht erhalten bleibt, daß noch immer eine „Eltern-Kind-

Beziehung" besteht. Bei solchen Konstellationen ist dann das Ressentiment auf der Seite der jungen Generation, die sich ihre faktische Abhängigkeit und *Unselbständigkeit verleugnen* muß, um vor sich selbst nicht das Gesicht zu verlieren und die sich dann durch Überbetonung ihrer rechtlichen Ansprüche zu beruhigen versucht, um den eigenen Mangel an Reife nicht zu deutlich spüren zu müssen.

Diese konflikthaften Elemente im Ablösungsprozeß zwischen der jüngeren und älteren Generation betrachten wir im übrigen als etwas sehr weitgehend Normales und wir sollten die neurotischen Elemente, die ich soeben hervorgehoben habe, weder überbewerten noch verallgemeinern. In jedem Fall handelt es sich um Trennungsvorgänge, die wir zu den normalen Schwellensituationen des Lebens zählen. Wenn wir annehmen, daß eine Trennungssituation zum belastenden, pathogen wirksamen auslösenden Lebensereignis geworden ist, dann denken wir im allgemeinen an die Trennung zweier erwachsener Menschen, die nach dem Verlassen ihrer Herkunftsfamilie eine neue Beziehung eingegangen sind.

Das folgende Kapitel soll diesem Thema gewidmet sein.

7. Verlust durch Trennung

In der „Lebensereignisforschung" haben nach den HOLMES-RAHE-Skalen der Tod eines Ehepartners, Scheidung oder Trennung die höchsten Belastungswerte erhalten. Diese Rangordnung entspricht sicherlich dem unmittelbaren Empfinden vieler Menschen. Wenn wir aber den besonderen psychodynamischen Stellenwert einer Trennung als *pathogen wirksamem* Ereignis verstehen wollen, dann müssen wir zuvor einige wichtige Fragen klären. Immerhin kann ja die Lösung aus einer konfliktgeladenen, belastenden Beziehung bei aller Trauer und Erschütterung doch ein gewisses Maß an Erleichterung für die Beteiligten mit sich bringen. Die positiven Seiten der vergangenen Beziehung werden dann zwar noch einmal mit Trauer und Verlassenheitsgefühlen zurückgerufen. Andererseits wird die Befreiung von täglichen Belastungen, Kränkungen und Schwierigkeiten doch auch positiv empfunden.

Wir unterscheiden für die Beurteilung von Trennungssituationen am besten zunächst einmal rein formal auf folgende Weise:

– Kam die Trennung für den betroffenen Patienten unvermutet, auf Initiative des Partners, oder hat sich der Konflikt schon lange angekündigt?

- Haben die Patienten, die von einer Trennung überrascht worden sind, möglicherweise aus unbewußter Determination heraus die Trennung selbst herbeigeführt (z. B. durch dauerhaft aggressives Verhalten, das vom Partner nicht mehr ertragen wurde)?
- War der Partner, der sich getrennt hat, für den Patienten schon von Anfang an eigentlich ein „Partner zweiter Wahl“, und der Patient glaubte sich seiner sicher zu sein?
  Die Trennung ist dann eine tiefe *narzißtische Kränkung*, weil der zweitrangige Partner „etwas Besseres“ gefunden hat.
- Bedeutet die Trennung, die vom Partner ausgeht, zwar eine starke Kränkung des Selbstgefühls, bietet sie aber zugleich eine sehr tief wirksame *Versuchungssituation*, der sich die Patientin (hier handelt es sich meist um Frauen) aus neurotischen Gründen nicht gewachsen fühlt (Aufnahme einer neuen Partnerbeziehung, Tendenz zu sehr ungebundenen wechselnden Partnerbeziehungen, Prostitution etc.)?
- Enthielt die schon immer konfliktgeladene Partnerbeziehung (die nach langen Kämpfen schließlich gelöst wurde) dennoch ein unbewußt wirksames, stabilisierendes Element, dessen Bedeutung den Beteiligten nur nicht deutlich geworden ist?

Wenn man den derzeitigen demoskopischen Umfragen glauben darf, dann werden zur Zeit ca. ein Drittel aller geschlossenen Ehen wieder geschieden. Das bedeutet, daß sehr viele Menschen die Auflösung einer gemeinsamen Lebensordnung verarbeiten müssen und meist auch für Kinder aus ihrer Ehe eine Regelung zu finden haben. Die Krisen, die diese Menschen bei einer solchen Entwicklung durchleben, gehen im allgemeinen tief. Sie müssen aber nicht naturnotwendig zu einer neurotischen Symptomatik führen. Kummer, Verzweiflung oder Aufregung sind in solchen Fällen nicht neurotisch. Mit neurotischen Krankheitszeichen müssen wir vor allem dann rechnen, wenn der Partner, der sich lösen will (oder von dem sogar die Patienten selbst sich lösen wollten), insofern eine besondere Bedeutung im Leben der Patienten gehabt hat, als durch ihn neurotische Ängste oder neurotische Behinderungen unbemerkt kompensiert wurden.

Ich gebe in diesem Kapitel zwei Fallbeispiele, in denen sich die betroffenen Patientinnen entweder über ihre eigene Lebenstüchtigkeit getäuscht hatten (Fall 1), oder aber ihre Ehe unter dem Einfluß unbewußt wirksamer neurotischer Motive eingegangen sind (Fall 2).

Fall 1: Unbemerkte neurotische Arbeitsstörungen wurden durch die Ehe kompensiert.

Eine 32jährige Frau kommt mit Angstzuständen und tiefgehenden Depressionen, nachdem sie sich nach ihrer eigenen Aussage mit Gewalt aus einer konfliktreichen „Quäl-Ehe“ gelöst hat. Die Patientin war der Meinung, daß ihr Mann sie zu Unrecht drangsalierte, zudem zwar fleißig, aber kontaktarm sei und daß er ihre vitalen Bedürfnisse (auch in sexueller Hinsicht) nicht befriedigen könnte.

Die Patientin war während ihrer Ehe nicht berufstätig gewesen. Sie hatte kurz nach Schulabschluß und nach einer abgebrochenen Ausbildung als Verkäuferin mehrmals ihre berufliche Tätigkeit gewechselt und in unterschiedlichen Fabriken (bei Reinigungsdiensten etc.) gearbeitet. Sie hatte sich nach ihrem eigenen Bericht nirgends wohlgefühlt, hatte auch wiederholt Bemängelungen gehört, daß sie in ihren Arbeitsvollzügen zu langsam und zu ungenau sei, hatte aber gerade diese Bemängelungen immer mit heftiger Empörung zurückgewiesen, da sie ihre eigenen Ordnungs- und Genauigkeitstendenzen sehr wohl kannte. Die Patientin litt eher unter einer perfektionistischen Arbeitsstörung, durch die sich allerdings ihre Arbeitsvollzüge tatsächlich sehr verlangsamten. Zugleich war sie stark von inneren Spannungen erfüllt, die sie schon als Verkäuferin im Umgang mit Kunden unwirsch und gereizt gemacht hatten.

Als die Patientin heiratete, hatte der Mann ihr zugebilligt, daß sie nicht arbeiten müßte, da er genug verdiente, und daß er zufrieden sei, wenn sie den Haushalt versorgte.

Die vitale Frau, die auf Männer sehr anziehend wirkte, fühlte sich bald in ihrer Ehe nicht mehr wohl und auch nicht ausgefüllt. Die ungesellige Lebensführung des Ehemannes störte sie. Sie war auch sexuell nicht zufrieden, machte dies dem Ehemann zum Vorwurf und die täglichen Streitereien nahmen kein Ende.

Schließlich nahm die Patientin mit einem Arbeitskollegen ihres Mannes eine Liebesbeziehung auf. Der Freund veranlaßte sie, sich von ihrem Mann zu trennen und zu ihm zu ziehen. Die Patientin hatte bei ihm Unterkunft und Ernährung, aber kein eigenes festes Einkommen. Der Freund erwartete mit Selbstverständlichkeit, daß sie sich eine Arbeit suchte. Nun wurde das Problem der Patientin offenbar: Sie nahm eine Arbeit an, erlebte bald ähnliche Schwierigkeiten wie früher auch. Sie verlor die Arbeit und mußte sich von ihrem Freund Vorhaltungen machen lassen. Die Patientin war tief empört und zugleich der Überzeugung, daß sie auch selbständig auf eigenen Füßen stehen könnte. Sie zog von dem Freund weg, suchte sich ein Zimmer und nahm eine andere Arbeit an. Hier lag die Selbsttäuschung: Tatsächlich war die Patientin nicht in der Lage, einen geregelten Arbeitsvollzug durchzuhalten. Sie übernahm Reinigungsdienste, erst in größeren Firmen, dann in einer Arztpraxis und später in einer Anwaltspraxis. Die Entwicklung lief immer auf das gleiche hinaus: Man bemängelte ihre Langsamkeit und auch die Unvollständigkeit ihrer Arbeit. Einer der Hauptabwehrmechanismen der Patientin war das „Externalisieren“. D. h. sie sah die Hauptproblematik ihrer Lebenslage immer im Verhalten des Partners oder im Verhalten der Arbeitgeber. Da die Patientin durch diesen neurotischen Abwehrmechanismus gehindert war, die in ihr selbst wurzelnde neurotische Problematik zu verstehen, provozierte sie selbst die Trennung vom Ehemann und Freund und erkrankte schließlich mit ihrer Angstsymptomatik, weil sie weder mit noch ohne einen sie schützenden Partner leben konnte.

FALL 2: „Nicht der Ehemann, sondern die Familie wurde geheiratet“:

Eine 28jährige Patientin kommt mit einer heftigen Schlafstörung, mit Depressionen und Selbstmordgedanken, weil ihr Ehemann sich vor zwei Monaten unvermutet von ihr getrennt hat und zu einer Freundin gezogen ist. Die Patientin war auf diese Entwicklung angeblich innerlich nicht im geringsten vorbereitet. Andererseits sagte sie, daß schon früher Schwierigkeiten in der Ehe aufgekommen seien, die von den Eheleuten dadurch überwunden werden sollten, daß sie miteinander ein Kind hatten. Der einjährige kleine Sohn hatte die Patientin veranlaßt, ihre Berufstätigkeit aufzugeben. Die Schwierigkeiten der Ehesituation waren allerdings durch das kleine Kind mehr verdeckt als bereinigt.

Bei dem Bericht über ihre Eheentwicklung erzählte die Patientin schließlich, daß die enge Verbindung zu ihrem zwar fleißigen, aber schüchternen und sehr zurückhaltenden Mann eigentlich über ihre Schwiegereltern zustande gekommen war. Die Schwiegereltern hatten sich immer eine Tochter gewünscht, waren nach Angaben der Patientin liebenswürdige und gebildete Menschen und wurden für die Patientin sehr rasch ein Familienersatz.

Die Patientin selbst stammte aus einer geschiedenen Ehe und war vor allem mit Mutter, Tante und Großmutter großgeworden, die das Mädel ebenso verwöhnten wie beengten.

Im Rückblick sagte die Patientin selbst, daß sie ohne die gute Verbindung zu ihren Schwiegereltern wohl kaum an eine Ehe mit ihrem späteren Mann gedacht hätte. Zwischen ihr und dem Mann habe es zu wenig Gemeinsamkeiten gegeben: Er sei ein Techniker und Bastler und sei als Automechaniker voll damit beschäftigt gewesen, sich eine selbständige Reparaturwerkstatt aufzubauen. Die Patientin selbst war musikalisch, hatte immer im Kirchenchor ihrer Heimat mitgesungen und war durch die ebenfalls musikalischen Schwiegereltern in einen Kreis von Menschen eingeführt worden, die Hausmusik pflegten.

Bei dem Bericht der Patientin wurde deutlich, daß ihr Mann als einziger Sohn ihrer Schwiegereltern für diese eigentlich eine Enttäuschung gewesen war. Der Schwiegervater war Jurist und hatte es nur schwer verwunden, daß sein Sohn nicht ebenfalls das Abitur machte und ein Studium ergriff.

Im Verlauf des anamnestischen Gesprächs stellte sich dann heraus, daß der Schwiegervater – zu dem die Patientin eine besonders gute Beziehung hatte – etwa ein Jahr vor der Geburt des Sohnes gestorben war. Es wurde deutlich, daß die Balance zwischen den

Eheleuten mit seinem Tod schwer erschüttert war. Die Patientin – die eigentlich nach eigener Aussage die Schwiegereltern geheiratet hatte – verlor in dem Schwiegervater ihre wichtigste Stütze. Die Schwiegermutter wandte sich wieder betont ihrem Sohn zu. Sie half ihm in der Buchhaltung seines Geschäftes und entwickelte nach dem Empfinden der Patientin ihr gegenüber eine stark rivalisierende Haltung mit der Tendenz die Patientin „aus der Ehe auszubooten". Es war offenkundig, daß die Patientin ihrer Schwiegermutter gegenüber jetzt Übertragungsreaktionen erlebte, die aus ihrer eigenen Kindheit stammten: Die Ambivalenz den drei Frauen gegenüber, die die Patientin großgezogen hatten (Mutter, Tante, Großmutter), übertrug sich jetzt auch auf die Mutter des Ehemannes.

Und da die Patientin zugleich die Wesensart ihres Ehemannes nicht besonders hoch schätzte, ließ sie ihre Verstimmungen an ihm aus. Der Versuch der Beiden, ihrer Ehe mit einem Kind doch noch einen besseren Inhalt zu geben, war nicht erfolgreich. Im Gegenteil: Die Patientin fühlte sich durch das Kind zu sehr gebunden, noch mehr vereinsamt als zuvor, rivalisierte ihrerseits mit der Schwiegermutter, die dem Mann im Geschäft half und bemerkte nicht, daß sich ihr Mann innerlich zunehmend von ihr (auch von der eigenen Mutter gestützt) distanzierte.

Bei der Diskussion dieser Krankheitsgeschichte muß in bezug auf die auslösende Situation natürlich offenbleiben, inwieweit nur die Trennung vom Ehemann der auslösende Faktor für die neurotische Symptomatik war. Insgesamt hatte sich ja die Lebenssituation der Patientin in sehr vielen Gefühlsbereichen grundlegend verändert: Der geliebte Schwiegervater, der der Patientin so lange Halt gegeben hatte, war gestorben. Der neugeborene kleine Sohn beanspruchte die Patientin in unerwartetem Maß. Die früher gute Beziehung zur Schwiegermutter war jetzt von Rivalität und Mißstimmung gefärbt. So fand sich die Patientin unvermutet in einer feindseligen Familienatmosphäre wieder, nachdem sie ja ursprünglich gerade in der Sehnsucht nach einer intakten Familie geheiratet hatte.

Die Schilderung dieser komplexen Situation gibt mir Gelegenheit, hier noch einmal nachdrücklich hervorzuheben, daß es im allgemeinen eher die Ausnahme als die Regel ist, wenn nur ein einziges Lebensereignis (in diesem Fall die Trennung einer Ehe) die neurotische Symptomatik hervorruft. Immerhin hatte die Patientin nicht nur ihren Ehemann durch die Trennung, sondern auch ihren Schwiegervater durch den Tod verloren. Auch dieser Verlust hatte für die neurotische Psychodynamik der Patientin eine tiefgreifende Bedeutung gehabt. Wenngleich er nicht sofort zu einer psychogenen Symptomatik führte.

Insofern ist es vielleicht etwas künstlich, wenn man einzelne Schicksalsereignisse in ihrem neurosenpsychologischen Stellenwert isoliert behandelt. Andererseits erleichtert diese vereinfachende Darstellungsform doch zunächst einmal den Überblick, und ich will in dem folgenden Kapitel typische neurotische Konstellationen herausarbeiten, denen wir begegnen, wenn ein Patient nach dem Tod eines nahen Angehörigen erkrankt.

8. Verlust durch Tod

Nach allgemeiner und – wenn man so will – „naiver" Vorstellung ist der Verlust eines nahen Angehörigen durch den Tod ein bei weitem einschneidenderes Erlebnis, als es etwa der gleiche Verlust durch eine Trennung wäre. Trotzdem muß man bedenken, daß die schicksalhafte Endgültigkeit des Todes für die betroffenen Angehörigen unter Umständen eine Hilfe sein kann. Es gibt nicht wenige Ehefrauen, die sagen, daß sie lieber verwitwet wären als geschieden. Der Verlust ist formal scheinbar der gleiche, die soziale Stellung der Frau dann später aber gänzlich anders. Ganz abgesehen davon, daß eine geschiedene Frau das Erlebnis der Kränkung durchmachen muß, wenn sie verlassen worden ist.

Auch scheint die Bedeutung, die Ehepartner im vorgerückten Alter für einander haben, sehr unterschiedlich zu sein: Epidemiologische Untersuchungen aus der Lebensereignisforschung sprechen davon, daß Männer im Alter gehäuft nach dem Verlust ihrer Ehefrau erkranken oder sogar selber sterben. Gleichsinnige Untersuchungsergebnisse über das baldige Sterben der alt gewordenen Frauen nach dem Verlust ihres Mannes gibt es nicht. Die Gründe hierfür liegen jedenfalls noch sehr im Dunkeln.

Zudem sehe ich mich alles in allem durch meine klinischen Erfahrungen zu der Meinung gedrängt, daß neurotische Symptomatik häufiger nach dem Tod des *Vaters* oder der *Mutter* auftaucht, als nach dem Tod eines Ehepartners oder eines Kindes. Mit zwei zugehörigen Fallbeispielen möchte ich die Gelegenheit ergreifen, um schon jetzt die Überleitung zu dem nächsten Kapitel herzustellen, das von der Bedeutung der Herkunfsfamilie für die Lebenskonstellation eines Patienten handeln soll.

Fall 1: Verlust des Vaters bei ungelöster Haß-Liebesbindung

Ein 29jähriger Patient, der mit einer gleichaltrigen Frau verheiratet ist, verliert seinen Vater unvermutet an einem Herzinfarkt. Die Mutter reagiert panisch angstvoll und muß von dem jungen Ehepaar in die Wohnung aufgenommen werden. Sie schläft dort im Schlafzimmer des Ehepaares im Ehebett neben dem Patienten.

Die Ehefrau zieht in das Kinderzimmer, wo sie das Bett mit dem kleinen vierjährigen Sohn teilt.

Der Patient erkrankt kurze Zeit später an einer Herz-Angst-Symptomatik mit paroxysmalen Tachykardien, pektanginösen Beschwerden und einer hypochondrisch getönten Dauerangst.

Der zentrale neurotische Konflikt: In der Lebensgeschichte dieses Patienten konstellierte der Tod des Vaters jene Situation, die nach meiner Einschätzung am häufigsten den Anlaß zum Ausbruch einer neurotischen Symptomatik nach dem Verlust eines Elternteils geben: *Unverarbeitete Haßregungen* waren ebenso unbereinigt geblieben, wie die nie gestillte *Sehnsucht* nach der *Anerkennung* durch den Vater. Beide Affekte drängten (wenn auch für den Patienten unbewußt) heftig an und entfalteten eine um so destruktivere Dynamik, als der Tod des Vaters eine Klärung der Konfliktsituation nicht mehr zuließ.

Der *Inhalt* der Konflikte wurzelte darin, daß der Patient in den Augen seines Vaters immer ein *Versager* gewesen und geblieben war. Der Vater war beruflicher Aufsteiger und hatte sich aus der Situation des unehelichen Sohnes einer Fabrikarbeiterin bis in eine leitende Stellung im Aufsichtsrat eines Industriekonzerns hinaufgearbeitet. Der Patient schaffte nicht nur kein Abitur (wie der Vater es gewünscht hatte), sondern ging nach einmaligem Sitzenbleiben knapp mit der Hauptschule ab. Er begann eine Lehre als Dekorateur, heiratete in dieser Zeit mit sehr jungen Jahren (20 Jahre) seine Frau, die in dem gleichen Geschäft arbeitete und schloß sich betont an seine Schwiegereltern an, die einfache Arbeiter waren, den Patienten sehr schätzten und die nach Aussage des Patienten auch eine familiäre, herzliche und gemüthafte Atmosphäre verbreiteten. Insbesondere kümmerten sie sich später um den kleinen Sohn und kamen die junge Familie gern, spontan und zwanglos besuchen. Die Eltern des Patienten legten hingegen kühle Distanzierung an den Tag, dies um so mehr, als das junge Ehepaar später eine Hausmeisterstelle in einem großen Wohnkomplex annahm. Der Patient meinte nicht ganz zu Unrecht, daß seine Eltern aus diesem Grunde nicht zu Besuch kämen. Der Vater schämte sich seines Sohnes. Er selbst sei immerhin bis kurz vor seiner Pensionierung berechtigt gewesen, einen Mercedes als Dienstwagen zu fahren.

Für den Patienten hatte sich die Lebensentwicklung in gewisser Weise dadurch balanciert, als er schon früh seine eigene Familie und damit auch die Schwiegereltern hatte. Eine fortbestehende starke Bindung an den Vater verfiel der Verdrängung und der Verleugnung und wurde nur im ersten Gespräch schon dadurch spürbar, daß der Patient immer wieder von dem „Hochmut" seines Vaters sprach, mit dem dieser sich selbst das Leben schwer gemacht hatte. Ein scheinbares Randgeschehen aus dem Leben des Patienten, von dem er auffallenderweise schon während der Anamnese berichtete, zeigte an, wie sehr ihm nach wie vor an der Anerkennung des Vaters gelegen war: Sein Bemühen, in den Augen des Vaters doch noch Ansehen zu erlangen, hatte sich auf den Sport konzentriert. Der Vater des Patienten war begeisterter Fußballer gewesen und der Patient wurde ebenfalls in einem Fußballverein aktiv. Der Vater hatte den Sohn wegen seiner schlechten Schulleistungen immer wieder höhnisch und abfällig behandelt. Ebenso soll er häufig höhnische und abfällige Bemerkungen gemacht haben, daß der Patient nicht einmal im Fußball zu irgendeiner Leistung kommen könnte. In den Wochen vor dem Tod des Vaters war es dem Patienten tatsächlich passiert, daß er von seiner Mannschaft als Torwart ausgewechselt wurde, weil er bei einem Spiel sehr schlecht in Form gewesen war und elf Tore durchgelassen hatte. Er war zu einer Seniorenmannschaft versetzt worden, wo ihn aber auch keiner haben wollte. Der Patient hatte seine Niederlage im Fußballclub zunächst verschwiegen und sogar in einen Erfolg umgemünzt. Dem Vater war dieser Vorfall aber zugetragen worden und er hatte mit abschätzigen Bemerkungen nicht gespart. Der Patient hat sich dann aber in seiner körperlichen Leistungsfähigkeit doch wieder gefangen. Er hatte trainiert, war von der Mannschaft erneut positiv aufgenommen worden und hatte dann schließlich sogar bei einem Spiel großen und allgemeinen anerkannten Erfolg. Zwischen seiner sportlichen „Niederlage" und seiner „Rehabilitation" im Verein starb der Vater, ohne daß das Thema bereinigt und besprochen werden konnte.

Selbstverständlich war diese Spezialsituation, die die sportliche Leistungsfähigkeit des Patienten betraf, nur ein einzelnes Element unter den zahlreichen sehr tief in die unbewußten Schichten des Patienten hineinreichenden Konflikte: Der Patient hatte nie den Wunsch und die Sehnsucht verloren, doch noch die Anerkennung des Vaters zu erringen. Gleichzeitig lebte in ihm eine dauerhaft verdrängte Wut, daß der Vater ihn nie so akzeptiert hatte wie er war. Ebenso verdrängt war der Haß auf die Mutter, die ihn vor dem Vater nicht beschützen konnte oder wollte, die ihn ebenfalls in seinen Kinderjahren nicht geachtet und anerkannt hatte und die ihn nun als „Vater-Ersatz" beanspruchte, als ihr Mann verstorben war.

Im Erlebnisgefüge des Patienten mischten sich die andrängenden Wut- und Haßimpulse gegen den Vater mit dem Bewußtsein, daß der Tod nun jede Klärung, Lösung und Versöhnung unmöglich machte.

In seinem eigenen Bewußtsein hatte der Patient zwar die Distanzierung vom Vater schon lange vollzogen. Die unbewußt andrängenden Affekte wurden von ihm aber nicht verstanden und setzten sich mit ihrer inneren Dynamik in die Herz-Angst-Symptomatik um.

Fall 2: Verlust der Mutter bei langjähriger symbiotischer „Partner-Ersatz-Beziehung"

Ein 46jähriger Patient kommt mit heftigen ungeklärten Schmerzen im Genital- und Lendenbereich. Von Seiten des Urologen sind keine Krankheitszeichen festzustellen. Alle internistischen, neurologischen, orthopädischen Untersuchungen haben ebenfalls keinen faßbaren, pathologischen Befund erbracht. Es stellte sich also das Problem der Psychogenese der Beschwerden.

Nach Angaben des Patienten war die Krankheitsymptomatik nach einer körperlichen Überanstrengung aufgetreten und manifestierte sich nach seinen eigenen Worten vor allem „im Unterleib". Zeitlich fielen diese ersten Schmerzattacken mit einer Erkrankung der Mutter zusammen, bei der ein Unterleibskrebs festgestellt worden war, der sich als inoperabel erwies. Nach Meinung des Patienten war die Mutter „früher von Ärzten verpfuscht worden". Angeblich war vor Jahrzehnten (als der Patient noch ein kleiner Junge war) eine Retroflexio so ungeschickt operiert worden, daß wegen der jetzt vorhandenen zahlreichen Verwachsungen das Karzinom nicht mehr operiert werden konnte. Die Art, wie der Patient über die Krankheit seiner Mutter berichtete, hatte einen gewissen Symptomwert: Einmal fiel sehr auf, wie genau der Patient noch als sehr kleiner Junge (und obgleich der Vater noch lebte) über die Unterleibserkrankungen der Mutter informiert worden war. Es fiel auch auf, daß er selbst seit dieser Zeit in der Vorstellung lebte, daß er wegen dieser Unterleibserkrankung einmal selbst für Mutter und Schwester werde geradestehen müssen, da der Vater ein untüchtiger Mann sei, eine „Niete", der nicht in der Lage sein würde, die Verantwortung für die Familie zu übernehmen.

Zugleich fiel die habituelle Ärzteanklage auf, die sich bei dem Patienten immer wieder meldete. Ein Schuld- und Vorwurfsdenken, bei dem der Eindruck entstand, daß hier eine „Affektverschiebung" vorlag, die vielfältig determiniert sein mochte, aber in ihren Quellen zunächst nicht überschaubar war.

Der Sohn war der Stolz der Mutter und lebte mit ihr in einer symbiotischen Verbundenheit, die auch nicht aufhörte, als der Patient schließlich mit 35 Jahren heiratete. Der Patient war ein „Aufsteiger“, der aus dem Arbeitermilieu heraus den Weg in die „leitende Chefetage“ fand (Ausdruck des Patienten, von der Mutter übernommen). Dies nach seiner eigenen Aussage allerdings um den Preis, daß er seiner Frau den *Kinderwunsch* versagte. Angeblich habe die Mutter diese Kinderlosigkeit eher begünstigt und die Ehefrau habe sich mit der Situation abgefunden, weil sie Verständnis dafür aufgebracht haben soll, daß der Patient den Anstrengungen seiner beruflichen Situation nur dann gewachsen sein würde, wenn zu Hause kein Kindergeschrei zur störenden Ablenkung würde. Die Ehefrau hatte sich gänzlich dem Patienten und seinen Interessen gewidmet. Sie sorgte für völlige Ruhe und war immer für ihn da (oder nicht da), wenn er sie benötigte oder wenn er seine Ruhe wollte. Sie sah es auch für selbstverständlich an, daß der Patient regelmäßig zwei Abende in der Woche mit der Mutter verbrachte.

Zu dem gleichen Zeitpunkt in dem die Mutter erkrankte und schließlich starb, war die Schwester des Patienten schwanger und bekam einen kleinen Sohn. Die Ehefrau des Patienten erlebte mit Betrübnis und auch Neid, daß sich jetzt bei ihrer Schwägerin ein Familienleben entwickelte, das ihr selbst versagt geblieben war. Der Patient tröstete sich über die Kinderlosigkeit dadurch hinweg, daß er sagte, er wäre in seinem jetzigen schweren Krankheitszustand sowieso nicht in der Lage, die Vaterfunktion für ein kleines Kind zu übernehmen.

Die neurotische Problematik des Patienten ließ sich etwa auf folgende Kurzformel bringen: In seiner Kindheit hatte sich eine frühe symbiotische Bindung an die Mutter ausgebildet, die seinen Lebensweg entscheidend bestimmt hatte. Im Hinblick auf die Bindung an die Mutter war die Leistungs- und Aufstiegsthematik stark betont und erfolgreich gelebt worden. Andere Erlebnismöglichkeiten waren aber (ebenfalls im Hinblick auf die Bindung an die Mutter) eher eingeschränkt: Die Partnerbeziehung blieb der Beziehung zur Mutter untergeordnet. Der Patient blieb mehr Sohn als Ehemann und konnte sich selbst nicht vorstellen, Vater zu sein.

Die neurotischen Erlebnislücken und Verdrängungsleistungen zeigten sich darin, daß dem Patienten die Problematik dieser festgelegten Lebenslinie gar nicht deutlich wurde. Sie erschien ihm beim ersten therapeutischen Gespräch als das Ergebnis einer ausgewogenen und klaren Entscheidung. Es war ihm auch nicht klar, daß die Mutter die stabilisierende Person in seinem Leben gewesen war, und daß sein Lebensweg auf ihre Anerkennung und ihr Lob abgestellt blieb. Die beruflichen Leistungen (Aufstieg) und die familiären Einschränkungen (kein Kind) erhielten ihre wichtigste Bedeutung, weil die Mutter sich freute, lobte, Verständnis zeigte und die Kinderlosigkeit des Patienten in Anbetracht ihrer eigenen Bindung an ihn eher begrüßte.

Mit der tödlichen Erkrankung der Mutter geriet diese Lebensbalance ins Wanken. Es war niemand mehr da, der die beruflichen Erfolge des Patienten mit Freude begrüßte. Die Ehefrau hatte zu viele Opfer bringen müssen, um die berufliche Karriere ihres Mannes zu stützen, als daß sie sich mit ungemischten Gefühlen über seinen Erfolg hätte freuen können. Für den Patienten drängten jetzt aber auch dumpfe Empfindungen an, daß seine Bindung an die sehr geliebte Mutter möglicherweise für ihn doch nachteilig gewesen sein könnte, daß die kritiklose, liebevolle Bindung an die Mutter seine eigene Entfaltung und Entwicklung in wichtigen Lebensbereichen behindert hatte. Bei dem Patienten wallten unbewußte Haß- und Feindseligkeitsgefühle auf, die in Anbetracht der schweren und schließlich zum Tode führenden Erkrankung der Mutter nicht mehr mit Hilfe einer persönlichen Auseinandersetzung geklärt und gelöst werden konnten. Die Schmerzzustände des Patienten im „Unterleib“ ließen sich im Verlauf der Therapie so verstehen, daß hier eine Identifikation mit der Mutter ablief, und daß diese Bindung zugleich auch unter „schmerzlichen Gefühlen“ aufrecht erhalten bleiben sollte. Diese innere unbewußte Identifikation des Patienten mit seiner Mutter wurde auch in späteren Formulierungen deutlich, als er einmal beiläufig sagte, „Mutter hat immer alle Schmerzen der Familie mitgetragen“. Auch für den Patienten war es zur Verpflichtung geworden, die „Schmerzen der Familie“ auf sich zu nehmen und die eigenen Wünsche, Gefühle und Bedürfnisse zurückzustellen.

Eine Beseitigung der Symptomatik stellte sich im Verlauf der Therapie erst ein, als der Patient sich mit den für ihn nachteiligen neurotischen Anteilen der Mutterbindung auseinandergesetzt hatte und er es auch ertrug, die zugehörigen Haßregungen der geliebten, verstorbenen Mutter gegenüber zuzulassen. Erst nach dieser Art von „Trauerarbeit“ war es dem Patienten dann möglich, zu seiner Frau ein anderes partnerschaftliches Verhältnis zu finden und seine eigene Lebensorientierung neu zu ordnen. Das Krankheitsbild des Patienten war dabei in eine jener typischen Lebensentwicklungen eingebettet, in denen die Bindung an die Herkunftsfamilie – von der im folgenden die Rede sein soll – überstark das erwachsene Leben der Patienten begleitete.

II. Die Herkunftsfamilie: Die ödipale Konstellation und das Drei-Generationen-Konzept

Es war eine der wichtigsten Erkenntnisse FREUDS, als er herausfand, daß die Einflüsse der frühen Kindheit und Jugend ihre bleibenden Spuren im Charakterbild des späteren Erwachsenen hinterlassen. Mit Hinblick auf sein libidotheoretisches Konzept beachtete FREUD vor allem die besonderen (libidinösen) Beziehungsmöglichkeiten, die einem Kind in seiner Familie angeboten werden. Unter dem Stichwort der „ödipalen Konstellation" faßte er die vielfältigen Erlebnisvarianten zusammen, die sich bei der Auseinandersetzung eines Kindes mit Vater und Mutter in Liebe und Haß ergeben. Freilich haben wir inzwischen gelernt, daß das antikfeudale Familienbild, das hinter dem Begriff des „Ödipuskomplexes" steht, den sozialen Umständen, in denen unsere Patienten aufwachsen, nicht voll gerecht wird. Im Verlauf der wissenschaftlichen Entwicklung hat es sich ergeben, daß zahlreiche Psychoanalytiker heute eher von der gesamten „Familiendynamik" sprechen, die das Leben eines Patienten in seiner Herkunftsfamilie gekennzeichnet hat, als von der speziellen „ödipalen Konstellation" seiner Kinderjahre. Das komplexe interaktionelle Beziehungsmuster in der Familiengruppe, in der der Patient großgeworden ist, wurde für die Aufmerksamkeit der Psychoanalytiker von vorrangiger Bedeutung. Man lernte, daß Eltern mit kleinen Kindern keine geschichtslosen Wesen sind. Sie hatten es in ihrer Kindheit leicht oder schwer, wuchsen vaterlos auf oder verloren die Mutter früh. Hatten sie Glück, dann waren ihre Eltern gesund, zuversichtlich und in der Lage, ihre Kinder ohne fremde Hilfe großzuziehen. Traf die Familie ein Schicksalsschlag, während die Kinder noch klein waren, dann änderte sich das Familienklima und die Familienkonstellation abrupt. Vielleicht mußte ein Angehöriger der älteren Generation (häufig die Großmutter) die Versorgung der Kinder übernehmen, weil Mutter oder Vater plötzlich verstarben. Vielleicht wurde damit aus einer zuversichtlich gestimmten Familiengruppe unvermutet ein Trauerhaus, in dem zwar die körperliche Pflege und Versorgung der Kinder gewährleistet blieb, die Stimmung aber geängstigt und niedergedrückt war. Die Vorgeschichte der Eltern eines späteren Patienten beeinflußt den Umgang dieser Menschen mit ihren Kindern in nicht zu unterschätzendem Ausmaß.

Insofern ist es heute gewiß unbestritten, daß das umfassende, lebensgeschichtlich orientierte Verständnis eines Patienten nicht vollständig sein kann, wenn nicht auch die innere Verfassung und die Vergangenheit der *Eltern* dieses Patienten mit erfaßt worden ist. Vor allem sollte der Therapeut über jene Zeit Bescheid wissen, in der die Eltern seines Patienten ihre eigene Familie gründeten und ihre Kinder (also die späteren Patienten) zur Welt brachten.

Nach allen Erfahrungen mit psychogen erkrankten Patienten dürfen wir davon ausgehen, daß mehr als ein Viertel dieser Kranken in jungen Jahren noch mit der Großelterngeneration unter einem Dach gelebt hat. Und mit Hinblick auf diese Befunde dürfen wir sicher sein, daß die Familiendynamik der frühen Entwicklungsjahre eines Patienten nicht nur von der ödipalen Konstellation einer „Zwei-Generationen-Familie" geprägt worden ist. Tatsächlich ist diese Familiendynamik in jedem Fall von der Interaktion von wenigstens *drei* Generationen bestimmt: Den Großeltern, den Eltern und den Kindern (den späteren Patienten) dieser Familie.

Je mehr sich die Psychoanalytiker im Laufe der Jahre daran gewöhnt haben, das Mehr-Generationen-Schicksal einer Familie zu verfolgen, um so deutlicher wird ihnen auch die Tatsache, daß sie sehr häufig auf besondere *Risikofamilien* stoßen, in denen *beide Eltern* berichten, daß sie besonders schwierige, belastende oder konfliktreiche Kinderjahre durchlebt haben. Wenn man eine größere Zahl von Krankengeschichten unter dem Aspekt dieser Fragestellung durchmustert, dann ergibt sich ein Trend, daß Eltern, die selbst einen Elternteil verloren hatten, sich mit einem Partner zusammenfinden, der ein ähnliches Verlusterlebnis in seiner Kindheit zu verarbeiten hatte. Es scheint so zu sein, daß sich Menschen mit sehr schwierigem Kindheitsschicksal in ihren ersten Liebesbeziehungen besonders gut verstanden fühlen, wenn auch der Partner ähnliche Schwierigkeiten kennengelernt hat. Da aber beide Menschen natürlich die Spuren ihrer frühen Belastungen weiter mit sich tragen, erhöht sich für sie auch das Risiko einer konfliktgeladenen Atmosphäre in ihrer neuen Familie und damit erhöht sich auch das Risiko eines konflikthaften Umganges mit ihren Kindern.

Mit Hinblick auf diese Beobachtungen weiß jeder Analytiker, der kindertherapeutisch gearbeitet hat, daß die sogenannte „ödipale Konstellation“ immer nur ein (wenn auch sehr wichtiger) *Teilaspekt* des gesamten familiären Geschehens ist. Insofern sollte man auch immer versuchen, bei erwachsenen Patienten herauszufinden, wie seine Lebensumstände in den jungen Kinderjahren ausgesehen haben und wie sich die Familiendynamik, die mehrere Generationen umfaßte, gestaltet hat. Man wird also vor allem wissen wollen, mit welchen erwachsenen Familienmitgliedern der Patient in seiner Kindheit zusammengelebt hat und wie sich das Beziehungsmuster zwischen seinen Großeltern, seinen Eltern und ihm selbst verstehen läßt.

Die Bedeutung der Großeltern für einen Patienten wird sicher am deutlichsten, wenn man weiß, daß die Großmutter oder der Großvater in seinen Kinderjahren noch mit in der Familie gelebt haben. Freilich darf man sicher sein, daß der Einfluß dieser älteren Generation auch dann von großer Wirksamkeit gewesen ist, wenn die Familien getrennte Haushalte führten.

Immerhin will ich meine nachfolgenden illustrierenden Beispiele doch zunächst einmal auf solche Situationen beziehen, in denen die Dreigenerationen-Familie unter einem Dach und in einem Haushalt gelebt hat:

FALL 1: Eine Tochter (spätere Patientin) gerät in eine Geschwisterposition zur eigenen Mutter.

Die *Familiendynamik zum Zeitpunkt der Geburt der Patientin*: Eine junge Frau ist als frühe Vaterwaise im Isolierkontakt mit ihrer Mutter großgeworden. Sie heiratet in „Vatersuche“ einen wesentlich älteren Mann, der sich mit ihrer Mutter gut versteht und der damit einverstanden ist, daß die Mutter dauerhaft im Haushalt wohnen bleibt. Die junge Frau ist recht unselbständig geblieben, hat aber eine berufliche Tätigkeit als Verwaltungsangestellte gelernt, die sie auch weiter ausübt, als sie ein Jahr später eine kleine Tochter zur Welt bringt.

Das kleine Mädchen aus dieser Ehe (die Patientin) gerät in eine eigentümliche *Geschwisterposition* zur eigenen Mutter. Abgesehen davon, daß die Mutter tagsüber außer Haus ist und das Kind von der Großmutter in allen wichtigen Bedürfnissen versorgt wird, haben Vater und Großmutter die dominante Rolle in der Familie. Die eigene Mutter gilt mehr als das „ältere Kind“ in der Familie, für dessen Wohlergehen die beiden „Erwachsenen“ zu sorgen haben.

So fehlt für die spätere Patientin die Mutter als eine Identifikationsfigur, die das Bild einer kompetenten, und umsichtigen, selbstbewußten Frau vermittelt. Das kleine Mädchen übernimmt die „Nesthäkchenattitüde“ ihrer Mutter. Sie weiß, daß sie selbst der bevorzugte Liebling von Großmutter und Vater ist, versucht aber zwischenzeitlich doch sich mit kämpferischen Protest gegen diese abgelehnte Verwöhnungssituation zur Wehr zu setzen. Im Verlauf ihres späteren Lebens pendelt sie hin und her zwischen dem kämpferischen Protest gegen die Unselbständigkeit und Abhängigkeit einerseits und der „gelernten“ Haltung der Kind-Frau, die von älteren Menschen ebenso geschätzt wie bevormundet wird.

Unter dem Aspekt der „ödipalen Konstellation“ gesehen, wurde die Patientin dem Vater gegenüber zur Rivalin der „Schwester-Mutter“, die sie aber – was ihre Wichtigkeit für den Vater anging – nach eigenem Empfinden mühelos ausstechen konnte. Die Erwartung, jeder Mann werde ihr im späteren Leben auch vor jeder anderen Frau den Vorrang geben, färbte die Grundeinstellung der Patientin Männern gegenüber. Darüber hinaus ging eine zunächst verborgene, aber sehr nachteilige Wirksamkeit von der Bindung der Patientin an ihre Großmutter aus, die für die Familie immer die wichtigsten Entscheidungen getroffen hatte und die im Empfinden der Patientin sogar für den Vater wichtiger war, als die eigene Mutter.

FALL 2: Es findet sich eine Großmutter-Enkel-Koalition in feindseliger Abkapselung gegen die Eltern-Koalition.

Ein Patient wird als Sohn zweier sehr ehrgeiziger Eltern geboren, die beide eine ausgesprochene „Aufsteigerproblematik“ verbindet. Der Vater arbeitete sich vom gelernten Handwerker über ein Studium zum Fachschulingenieur empor. Die Mutter entwickelte sich von der Sekretärin in einem Steuerbüro selbst zur Steuerberaterin. Der Junge wurde von der Mutter des Vaters, die mit im Haushalt lebte, betreut. Der Vater selbst war unehelich und hatte eine sehr enge Mutterbindung beibehalten. Seinen eigenen Vater hatte er nie kennengelernt, sondern wußte nur, daß er etwas „Höheres“ gewesen sein sollte.

Der Enkel wurde nach seinen eigenen späteren Aussagen, die er als erwachsener Patient machte, von der Großmutter „maßlos verwöhnt“. Obgleich diese Großmutter den eigenen unehelichen Sohn außerordentlich streng erzogen hatte, wechselte sie bei der Betreuung des Enkels (wie es die Regel ist) zu großer Nachgiebigkeit über: Der Junge hatte die Möglichkeit, sich immer hinter der Großmutter zu verschanzen, wenn der Vater mit ihm streng sein wollte. Die Beziehung zwischen Vater und Großmutter war nach wie vor so geformt, daß der Vater vor seiner eigenen Mutter Angst hatte und – wie der Patient es ausdrückte – „kuschte". Die Ausweichsreaktionen, die die Großmutter dem Patienten etwa bei schlechten Schulleistungen ermöglichte (Entschuldigungszettel für vorgetäuschte Krankheiten) schädigten den Jungen nicht unerheblich. Er pendelte zwischen zwei Erziehungsprinzipien und zwei Zielvorstellungen hin und her: Einerseits hatte er das ehrgeizige Leistungsideal seiner Eltern übernommen, die von ihrem Jungen erhofften, daß er ihre Aufstiegslinie weiterführen sollte. Andererseits erlebte er die verwöhnende und beschwichtigende Haltung der Großmutter, die in der Beziehung zu dem Enkel all die Nachsichtigkeit, Herzlichkeit und Fürsorge leben wollte, die sie dem eigenen Sohn nicht hatte geben können.

Wenn wir für diesen Patienten versuchen, die besondere „ödipale Konstellation" zu verstehen, die seine Kinderjahre beherrscht hat, dann wird offenkundig, daß eine Identifikation des Patienten mit seinem Vater in jedem Fall einen Bruch hinterlassen haben mußte: Der aufstiegsbeflissene, tüchtige und in seinem Beruf auch kompetente Vater hatte für den Jungen zwei Gesichter: Zu Hause war er der stille, zurückgezogene Mann, der der Großmutter gegenüber nicht wagte, den Mund aufzumachen und sich ihr in bezug auf den Sohn gänzlich unterwarf. Dafür galten aber seine beruflichen Erfolge durchaus als ein Vorbild und wurden besonders von der Mutter sehr herausgestellt. In Anbetracht der sehr zwiespältigen Beziehung zwischen der Mutter und der Großmutter des Patienten (mit ihren sehr spürbaren wechselseitigen Feindseligkeiten) wies auch die Bindung des späteren Patienten an seine Mutter einen Bruch auf: Einmal war die Mutter nicht die Frau, die in der Versorgung der Familie die Kompetenzen trug (mindestens nicht im Erleben des kleinen Kindes). Die alltäglichen Verrichtungen an Fürsorge und Schutz ging nicht von ihr, sondern von der Großmutter aus.

Zum anderen neigte sie eher dazu, die schulischen Leistungen des Jungen zu bemängeln, ihn zu überwachen, anzutreiben und auch abzuwerten.

Als in der Anamnese diese Konstellation aus der Kindheitsgeschichte des Patienten besprochen werden konnte, war schon vorherzusehen, daß der Patient in seinen Übertragungsreaktionen im

Verlauf einer psychoanalytischen Behandlung ein „Splitting" aufzeigen würde: Das verwöhnende Vertuschen von kleinen Fehlern war von der Großmutter ausgegangen. Die geforderte Leistungskontrolle von der Mutter. Großmutter und Enkel waren dauerhaft durch eine innige Koalition miteinander verbunden. Sie machten durchgängig gemeinsame Front gegen die Forderungen der verärgerten Eltern, die sich nun ihrerseits vor allem im Zorn über die Verwöhnung ihres Jungen zu einem Bündnis zusammenfanden.

Es war kein Wunder, daß das Reaktionsmuster dieses Patienten bei der Erfüllung von Arbeitsverträgen in Anbetracht seiner Kindheitssituation nicht unerheblich geschädigt worden war: Er kannte eine Vielzahl von Ausweichshandlungen, mit deren Hilfe er sich einer Leistungsforderung entziehen konnte. Auf der anderen Seite war er nie mit sich selbst zufrieden. Er orientierte sich schließlich doch unbewußt nachhaltig an dem introjizierten Leistungsideal seiner Eltern, und war später weder in der Lage, durch beständige Arbeit etwas zu erreichen, noch konnte er das bequeme Leben genießen, das er sich mit niedriggesteckten Leistungsanforderungen bereiten wollte.

Fall 3: Zwei Eltern sind in ihren Familien die „abgelehnten Kinder": Sie entwickeln eine Haltung von wechselseitiger Mißachtung

Zwei Eltern heiraten mit knapp 20 Jahren, um ihrer eigenen unerträglichen Lebens- und Familiensituation zu entfliehen: Die junge Frau war Tochter eines sehr wohlhabenden Geschäftsmannes, der aber grundsätzlich gegen Mädchen und Frauen allgemein (seine eigne Frau eingeschlossen) eingestellt war. Erst als drei Jahre nach dieser Tochter ein Sohn geboren wurde, erlaubte der Vater seiner Frau – wenn auch mißbilligend – das drohnenhafte Leben, das sie in seinen Augen führte. Er stellte ein Hausmädchen zur Versorgung des Jungen ein und verheimlichte im übrigen in seinem Freundeskreis, daß er eine Tochter hatte.

Dieses Mädchen versuchte nun langjährig, die Liebe ihres Vaters zu erringen. Sie identifizierte sich mit einem Hausmädchen, das als fleißig und tüchtig gelobt wurde und war auch bemüht, in dem Ledergeschäft des Vaters als Verkäuferin tüchtig und hilfreich mitzuarbeiten. Sie ertrug es schließlich nicht mehr, daß der eigene Vater sie vor den Kunden als zum Personal gehörig und nicht als seine

Tochter hinstellte. Sie trennte sich eines Tages und heiratete ihren Mann, der seinerseits hinter einer tüchtigeren Schwester immer hatte zurückstehen müssen. Das gebrochene Selbstwertgefühl dieser beiden Menschen bestimmte ihre Verbindung.

Für das kleine Mädchen, das aus dieser Ehe hervorging, waren die Folgen verheerend: Beide Eltern waren mit ihrem geknickten Selbstbewußtsein keine Persönlichkeiten, die ihrem Kind Schutz und Fürsorge vermitteln konnten. Sie waren auch keine Vorbilder, auf die das Kind später hätte stolz sein können. Im Gegenteil! Es zeigte sich bald, daß bei der Ehewahl der Eltern der kommende Konflikt im Grunde schon vorprogrammiert gewesen war: Der Ehemann (den die Mutter zunächst als unterdrückten Sohn sehr idealisiert hatte) war und blieb untüchtig. Er kam über sehr untergeordnete Arbeitsstellen bei der Straßenreinigung nicht hinaus. Seine Frau sparte nicht mit Vorwürfen und Bemängelungen und schuf zugleich eine Atmosphäre der Heimlichkeit und Vertuschung, weil sie ihren eigenen Eltern gegenüber nicht zugeben wollte, daß sie mit einem so untüchtigen Mann verheiratet war.

Für die spätere Patientin blieb aus ihrer Kindheit zunächst nur die Erinnerung übrig, daß ihre Eltern sich dauernd gestritten hätten und noch stritten, daß der Vater nicht tüchtig war und daß er jede Lebenschance verstreichen ließ, während die Mutter eine „Superverkäuferin“ sei, die sich in allen Lebenslagen bewährt hätte.

Erst allmählich stellte sich heraus, daß beide Eltern dieser Patientin lebenslänglich und bis heute mit ihren eigenen Eltern in Haß und Liebe verbunden geblieben waren. Die Mutter der Patientin gab es nicht auf, um ihren inzwischen alt gewordenen Vater zu werben. Dies um so weniger, als ihr jüngerer Bruder durch einen Unfall starb und es sich angeboten hätte, daß sie das Geschäft des Vaters übernehmen würde. In den Augen dieses Großvaters war aber die Familie der Patientin durch die Untüchtigkeit des Vaters negativ abgestempelt. Zudem wollte der Großvater mit seiner nie geliebten Tochter nichts mehr zu tun haben, und die Patientin erlebte noch während ihrer Kinder- und Jugendzeit, wie die „supertüchtige“ Mutter vom eigenen Vater gering geschätzt wurde, der zudem dem Schwiegersohn (also dem Vater der Patientin) die Sündenbockrolle des totalen Versagers zuschob.

Für das Selbstbewußtsein der Patientin gab es keine Orientierungslinie: Sie hatte kein Vorbild dafür, daß eine tüchtige Frau auch mit einem tüchtigen Mann verheiratet sein kann. Sie kannte nur die supertüchtige Mutter mit dem Versager als Ehemann und die drohnenhafte Großmutter, die Hausmädchen brauchte und vom eigenen Ehemann nicht geachtet war. Schließlich kannte sie in der Familie den dominanten Großvater, der weder von ihr, noch von der Mutter, noch von der Großmutter etwas hielt.

Auch hier hatte die „ödipale Konstellation" der Patientin ihre besondere Qualität durch jene Beziehung erhalten, die ihre Eltern zu den eigenen Eltern hatten: Die Patientin war stark an einen zwar warmherzigen, aber untüchtigen Vater gebunden. Sie verurteilte auch die hochfahrende Art ihrer Mutter dem Vater gegenüber, konnte es aber natürlich nicht vermeiden, daß sie doch Eigenschaften der Mutter introjizierte und damit das abschätzige Verhalten dem Vater gegenüber in ihre ersten Männerbeziehungen mit hineinnahm. Gleichzeitig wurde von ihr aber auch die sehnsuchtsvolle Werbung der Mutter um den übermächtigen Großvater übernommen, der in die konflikthafte Beziehung aller Familienmitglieder ein besonderes Element von *Mißachtung* hineingetragen hatte. Das Thema der Achtung bzw. der Nichtachtung, der Anerkennung oder der Verurteilung anderer Menschen blieb ein vorherrschendes Thema für die Patientin selbst im Verlauf ihrer langwierigen Behandlung. Es war ihr zuvor eine fast unbekannte Vorstellung gewesen, daß Familienmitglieder sich auch wechselseitig Halt und Schutz geben können, daß sie sich respektieren und füreinander eintreten. Ihre eigene Mißachtung dem Ehemann gegenüber gehörte zu den destruktiven Elementen in der Familiensituation der Patientin.

Mit Hilfe dieser drei Fallbeispiele habe ich versucht, herauszuarbeiten, wie sich ein Generationen-Schicksal fortpflanzen kann und wie die Familiendynamik der Eltern- und Großeltern-Generation fortwirkend aktiv bleibt. Mir liegt dabei daran, in diesem Zusammenhang noch darauf hinzuweisen, daß nicht sehr viele Patienten spontan von den Lebens- und Familienumständen ihrer Eltern aus jener Zeit erzählen können, in der sie selbst geboren wurden. Meist sind diese Jahre bereits weit aus dem bewußten Gedächtnis der Patienten weggerückt. Es ist aber eine alte klinische Erfahrung – und bleibt immer wieder erstaunlich – wie sehr es Menschen dann schließlich doch gelingt, nach einigen einhelfenden Anfragen den Lebenslauf ihrer Eltern zu überdenken, sich zu erinnern und damit einen Gewinn für das Verständnis der eigenen Lebensentwicklung zu erzielen.

Im einzelnen erfährt man diese Details immer am leichtesten, wenn man nach den Lebensumständen der jungen Kinderjahre fragt. Wenn man sich vor allem zunächst darüber orientiert, ob die Eltern gesund gewesen sind, ob die Mutter mitgearbeitet hat und ob die Großeltern noch mit im Haushalt lebten. Wichtig ist dabei vor allem, wer die Kinder versorgte, wo die Eltern herstammten und ob sie selbst unter einigermaßen zufriedenstellenden Bedingungen groß geworden sind.

Wer selber weiß, wie sehr das Verständnis für einen Patienten durch diese Information gefördert wird, dem gelingt es auch fast immer, dem Patienten selbst das gleiche Gefühl zu vermitteln. Es ergibt sich dann in der Regel zwanglos, daß der Patient beginnt, gemeinsam mit dem Therapeuten über seine Vergangenheit nachzudenken und sich auch neu zu erinnern. Um diesen Vorgang des gemeinsamen Erforschens der frühen Kinderjahre des Patienten zu fördern, empfehle ich allen psychoanalytisch orientierten Untersuchern ein praktisches Hilfsmittel für ihr anamnestisches Gespräch:

Ich schlage vor, daß er sich eine Art „Familientafel" anlegt, in der er die wichtigsten Daten aus der Herkunftsfamilie in optischer Übersichtlichkeit einträgt. In dieser Familientafel können im Verlauf des Gesprächs die notwendigen Hinweise auf die Lebensentwicklung der Eltern des Patienten vermerkt werden. Alle Erfahrungen zeigen, daß der Patient tatsächlich einen besseren Zugang zu sich selbst und seinen Lebensumständen gewinnt, wenn er bemerkt, wie sehr der Therapeut darum bemüht ist, diese wichtigen Fakten zu erfahren und festzuhalten.

Im angelsächsischen Kulturkreis haben sich in den familientherapeutischen Arbeitsgruppen sehr ähnliche Tendenzen eingebürgert, um das Mehr-Generationen-Geschehen für die Beobachtung der Therapeuten und für die diagnostische Abklärung sinnfällig zu machen: Man legt dort ein „Genogramm" an, in dem mit Hilfe einiger festgelegter Symbole aufgezeichnet wird, wie Geschwister, Eltern und Großeltern jetzt noch miteinander verknüpft sind. Ob Eltern und Großeltern noch leben, ob die Geschwister geheiratet haben, ob noch Verbindung mit diesen Familienmitgliedern besteht oder ob (wichtig) der Patient sich durch gänzlichen Kontaktabbruch von seiner Herkunftsfamilie gelöst hat. Der individuellen Ausgestaltung einer solchen Familientafel oder eines solchen Genogramms sind gewiß keine Grenzen gesetzt. Zur Illustration führe ich die Tabellen auf S. 100 auf, die aus dem Buch von GUERIN über Familientherapie stammen. Dort wird gezeigt, wie einzelne Fakten durch ein Symbol gekennzeichnet werden (männlich, weiblich, ungeborenes Kind, Heirat, Scheidung, Tod etc.) und wie mit Hilfe dieser Symbolzeichen ein Genogramm für drei Generationen angelegt wird.

Symbolische Zeichen

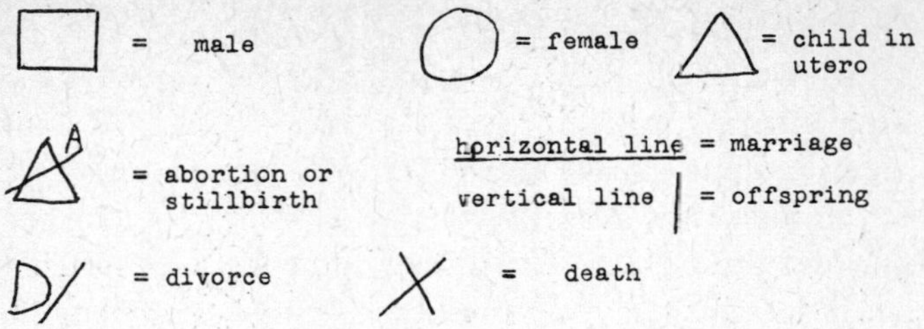

Evaluation of Family System

EVALUATION INTERVIEW------------------GUERIN/PENDAGAST

Name---------------------Address----------------Date----------

Phone------------------- -------------------Time-----------

Genogram--- 3 Generations

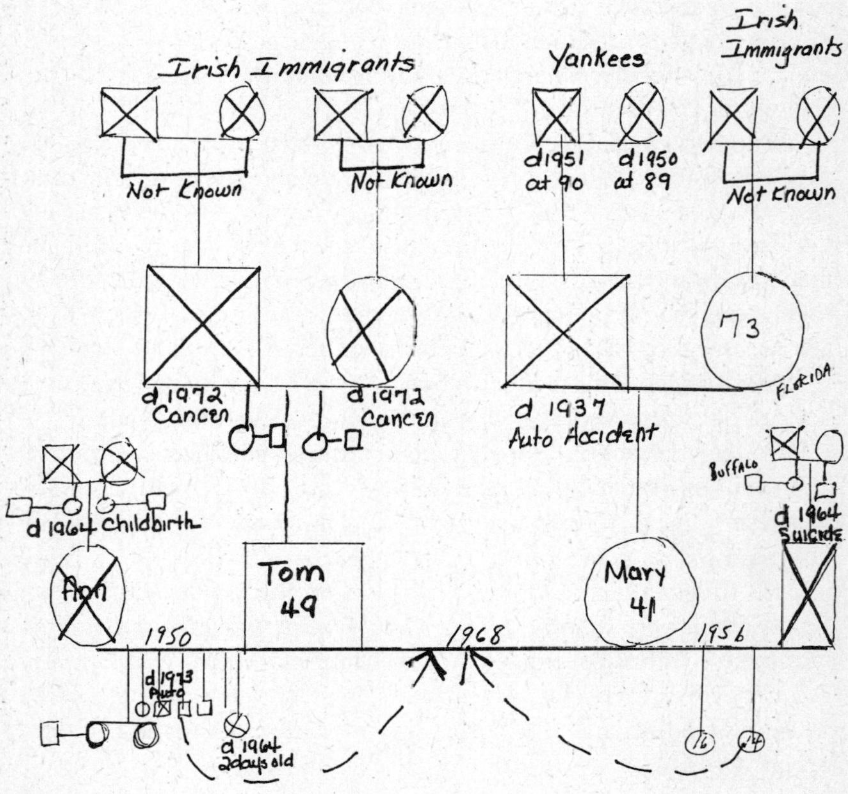

Sicherlich finden sich auch bei den amerikanischen Familientherapeuten viele Varianten und Abänderungen, die das abgebildete Genogramm betreffen. Mein eigener Vorschlag für die graphische Beschreibung der Drei-Generationen-Familie sieht noch etwas anders aus: Ich empfehle, die wichtigsten Daten einer Familie so zusammenzustellen, daß in optisch übersichtlicher Form zusätzlich wichtige Fakten mit erfaßt werden. So ist es nach meiner Erfahrung wichtig, über den *Gesundheitszustand* und das *Jugendschicksal* der Eltern Auskunft zu erhalten. Insbesondere, ob die Eltern der Patienten ihrerseits frühe *Personenverluste* erlitten haben. Man sollte über Angaben verfügen, die die *soziale Herkunft* der Eltern betreffen und damit zugleich die *soziale Gruppe*, in der die *Großeltern* gelebt haben. Darüber hinaus sollte man das Alter der Eltern bei der Geburt des Patienten kennen und etwa wissen, ob es sich um sehr junge, knapp zwanzigjährige Menschen gehandelt hat oder um eine 40jährige Mutter, die einen Nachkömmling versorgen mußte. Zugleich ist es wichtig, daß man sich auch ein Bild über die soziale Entwicklung der *Geschwister* macht.

Ist ein Patient verheiratet, so kann man – wenn Zeit und Interesse dafür reichen – ähnliche Daten für die Ehefrau des Patienten gewinnen, um mit einem raschen Blick zu erfassen, wie aus der Alterssituation, der sozialen Herkunft, der Gesundheit dieser Menschen und ihrer wechselseiten Herkunftsfamilien Belastungen und Spannungen zu vermuten sind.

Als Beispiel führe ich eine solche Familientafel (S. 102) auf, die ich sowohl für den Patienten wie auch für seine Ehefrau zusammengestellt habe und die illustrieren soll, wie man mit solchen optischen Hilfskonstruktionen eine Vielzahl von Hinweisen über das abgelaufene Lebensschicksal eines Patienten und seiner Familiengruppe gewinnen kann.

Wenn es gelingt, während des Gespräches mit dem Patienten eine Familientafel in dieser oder abgewandelter Form aufzuzeichnen, dann ist der Gewinn groß. Mit einem Blick erfaßt man das Familiengefüge, in dem der Patient herangewachsen ist.

FAMILIENTAFEL

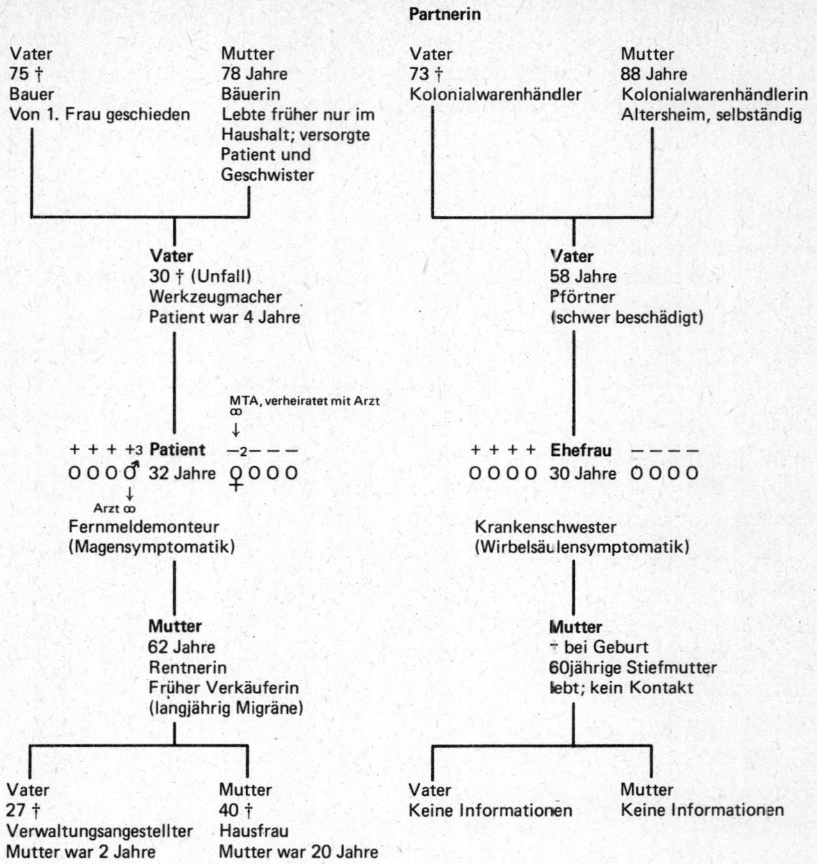

Im Klartext könnte ich die Situation des Patienten in der Tabelle etwa folgendermaßen beschreiben:

Der jetzt 32jährige Patient (Fernmeldemonteur) ist mittlerer von drei Geschwistern. Er verlor seinen *Vater* mit 4 Jahren, und die damals 34jährige Mutter (vier Jahre älter als der Vater) mußte die drei kleinen Kinder allein großziehen. Sie wurde dabei von ihrer Schwiegermutter unterstützt, die (jetzt 78jährig) damals als 50jährige Frau die Versorgung der Kinder übernahm.

Die *Mutter* des Patienten ist selbst 2jährig Vaterwaise geworden und stammt aus dem Milieu mittlerer Angestellter. Mit 20 Jahren verlor sie auch die Mutter. Später hat sie als Verkäuferin für die Ernährung ihrer Kinder gesorgt.

Beide *Geschwister* des Patienten haben sich beruflich in Arztkreise hineinentwickelt (Bruder selbst Arzt, Schwester MTA und mit einem Arzt verheiratet). Der Patient ist als Fernmeldemonteur Lohnempfänger.

Bei der Ehewahl des Patienten hat sich die Tendenz jener Menschen durchgesetzt, die nach schwerem Kindheitsschicksal einen Partner suchen, der ähnlich schwierige Lebensbedingungen zu bewältigen hatte: Die 30jährige Ehefrau des Patienten wurde Mutterwaise bei der Geburt. Zu der Stiefmutter, die sie großgezogen hat, besteht kein Kontakt mehr. Ihr 58jähriger Vater ist schwerbeschädigt und übt mit Hinblick auf diese Schwerbeschädigung einen Beruf als Pförtner aus. Die schon 88jährige Schwiegermutter des Patienten lebt in einem Altersheim, war selbständige Kolonialwarenhändlerin. Der Schwiegervater lebt nicht mehr.

Beide Eheleute fühlen sich nicht gesund. Mit aus diesem Grund haben sie keine Kinder.

Man kann also aus der hier vorgelegten Graphik entnehmen, daß beide Eltern den frühen Verlust eines Elternteils zu verarbeiten hatten, daß das soziale Milieu, aus dem sie stammen, keine extremen Diskrepanzen aufzeigt. Gleichzeitig wird deutlich, daß der Patient den beruflichen Aufstieg, den seine beiden Geschwister offensichtlich geschafft haben, selbst nicht erbringen konnte.

Wenn man will, kann man in einer solchen Familientafel noch Zusatzinformationen über vorhandene Konflikte eintragen. Insbesondere auf einem gesonderten Schaubild Daten über die Kinder, falls Kinder vorhanden sind. In dieser Hinsicht kann man sich an die Genogramme aus dem angloamerikanischen Raum anlehnen.

Der Vorzug einer solchen optischen Übersicht wird deutlich, wenn wir einmal mit einem weiteren Schaubild eine gänzlich andere Familienkonstellation ins Auge fassen:

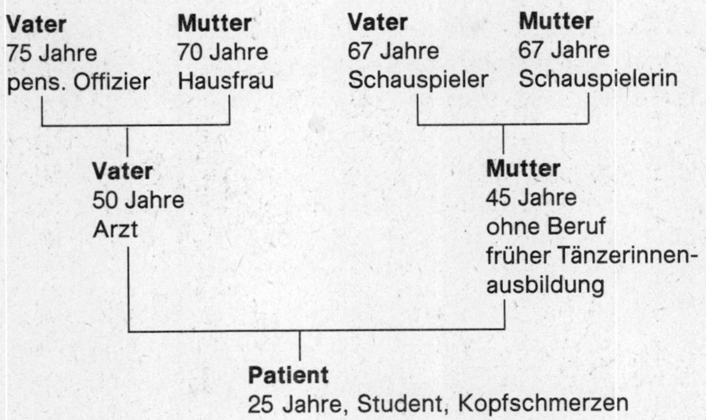

Dieser Patient hatte z. B. eine Mutter, die Ballettänzerin und Sängerin werden wollte, diese Karriere aber nicht schaffte, als hübsche junge Frau einen Arzt heiratete und mit 20 Jahren ihren Sohn bekam. Die Mutter selbst stammt aus Schauspielerkreisen. Der Vater hingegen aus einer preußischen Offiziersfamilie. Beide Großeltern leben noch, aber die Spannungen, die sich aus dem gänzlich unterschiedlichen Lebensstil zwischen den Großelternpaaren ergeben, sind sehr sehr erheblich und haben vor allem schwerwiegende Folgen für die berufliche Entwicklung des Patienten. Der Patient selbst fühlt sich von der „preußischen" Linie seiner Familie sehr abgestoßen und versucht immer wieder bei der „Schauspielertruppe" (wie die Familienformulierung heißt) Fuß zu fassen. Seine gespaltene innere Identität hindert ihn vor allem, seine fast unlösbaren Schwierigkeiten hinsichtlich einer klaren Berufslinie zu überwinden.

Bei den vom väterlichen Großvater geförderten Tätigkeiten in der Verwaltung fühlt er sich irritiert. Für die Schauspielerei, die ihm die anderen Großeltern anbieten, hat er nicht genügend Talent. Der Bruch in seiner persönlichen, beruflichen und menschlichen Entwicklung wäre in seinen vielschichtigen Determinanten nicht verständlich, wenn nicht über die „ödipale Konstellation" hinaus die gesamte kontroverse Familiendynamik bis in die Großelterngeneration hinein erfaßt worden wäre.

Sicherlich ist mit den bisher eingefügten Beispielen deutlich geworden, daß jeder Therapeut, der sich daran gewöhnt hat, das Lebensbild eines Patienten im Rahmen der Drei-Generationenabfolge zu verstehen, einen unschätzbaren Gewinn davon trägt: Die Herkunft auffälliger Reaktionsweisen wird für ihn deutlicher und die zwiespältigen Wertnormen eines Patienten können besser verstanden werden. Das Bild der Eltern, mit denen der Patient sich auseinandersetzen mußte, gewinnt ebenso an Vollständigkeit, wie die menschlichen und beruflichen Leitlinien, die ihn geprägt haben.

So war es dann auch kein Zufall, daß ich unter den bisher dargestellten Krankengeschichten einige aufgeführt habe, in denen vor allem die Arbeitshaltung, die Tüchtigkeit bzw. das Versagen im beruflichen Leben nur im Hinblick auf den Einfluß familiärer Wirkkräfte verstanden werden konnte. Und damit haben wir die Überleitung zum nächten Kapitel, das sich mit den neurotischen Elementen im Berufs- und Arbeitsleben unserer Patienten beschäftigen soll.

III. Berufsprobleme, Arbeitsstörungen und Lernschwierigkeiten

Jede Berufstätigkeit fordert in unterschiedlichen Varianten die Erfüllung bestimmter Leistungsanforderungen (gegebenenfalls auch Lernleistungen) und in ebenso großer Vielfalt den berufsspezifischen Umgang mit Menschen. Bevor wir die neurotischen Probleme, die in diesen Bereichen auftauchen können, in ihren Einzelheiten diskutieren, müssen wir uns einen Überblick darüber verschaffen, welchen *Stellenwert* die Berufstätigkeit im Leben eines Menschen hat. Anderenfalls sind wir in Gefahr, die beobachteten Konfliktkonstellationen unzureichend einzuordnen. Ich nenne die für unser Thema wichtigsten Varianten:

- Alleinlebender Patient, der nur für sich selbst verdient. Er hat keine Familie zu versorgen.
- Alleinverdienender Mann, der den Lebensunterhalt für Frau und Kinder (oder nur für die Ehefrau) bestreitet.
- Alleinstehende Frau mit Kindern, die sich und die Kinder ernähren muß.
- Mitverdienende (evtl. teilbeschäftigte) Ehefrau, deren Einkommen dringend benötigt wird.
- Mitverdienende Ehefrau, deren Einkommen Erleichterungen verschafft aber nicht lebensnotwendig ist. Hingegen bringt der Beruf Abwechslung in das Leben der Frau.

Es ist leicht zu sehen, daß das Gewicht von Problemen und Konflikten in der Berufswelt sehr weitgehend davon abhängt, wie wesentlich die Konsequenzen für die Person oder die Familie sind, wenn der Beruf zeitweilig aufgegeben oder der Arbeitsplatz gewechselt werden soll.

Wenn wir im ebengenannten Sinn den Stellenwert kennen, den die Berufstätigkeit im Leben eines Menschen hat, dann brauchen wir weiterhin einen Überblick darüber, welche Befriedigungsmöglichkeiten im Berufsleben ganz allgemein *austauschbar* sind. Wir müssen wissen, wo gewissermaßen der Schuh drücken kann und ob dieser Druck vielleicht durch andere Vorzüge der Arbeitssituation ausgeglichen wird.

Hier ein tabellarischer Überblick:

Austauschbare Befriedigungen im Berufsleben

- Funktion/Tätigkeiten
- Arbeitsklima/Kontaktmöglichkeiten

- Prestige (auch im Erleben der Herkunftsfamilie)
- Geld
- Bequeme Lage des Arbeitsplatzes
- Bequeme Arbeitszeiten (kein Schichtdienst, kein Spätdienst)
- Sicherheit des Arbeitsplatzes

In jedem dieser Bereiche kann ein Mensch Befriedigungen, aber auch Belastungen oder Enttäuschungen empfinden. Vielleicht muß er Ärgernisse ertragen und Verzichte hinnehmen. Manchmal fällt die Wahl schwer, welche Vorzüge aufgegeben werden sollen, damit bestimmte Nachteile in einer anderen Arbeitssituation ausgeglichen werden. Unter nicht neurotischen Bedingungen kann ein Mensch hier in freier Wahl abwägen und eine Rangordnung des Wichtigen aufstellen. Bestimmte Neurotiker sind dadurch gekennzeichnet, daß sie diese Rangordnung des Wichtigen nicht zustandebringen und unaufhörlich darüber grübeln, welche Veränderungen sie vornehmen sollen. In sehr ungünstigen Fällen geben sie sogar aus Ärger über einen kleinen Nachteil einen sehr viel größeren Vorteil preis.

Das Berufs- und Arbeitsleben unseres Kulturkreises ist außerordentlich vielschichtig. Einige globale Klassifikationen helfen uns, die gegebenen Arbeitsbedingungen eines Menschen gleich von Anfang an richtig einzuordnen. Wir unterscheiden:

- Selbständige berufliche Tätigkeit
- Tätigkeit im öffentlichen Dienst
- Tätigkeit in Industrie und Wirtschaft

Selbständige berufliche Tätigkeit

Selbstverständlich gibt es bei den selbständig Berufstätigen vom Inhaber eines Kioskes über den selbständigen Malermeister, den selbständigen Juristen bis zum Inhaber eines großen Industrieunternehmens die ausgedehntesten Unterschiede. Gemeinsam haben sie aber alle, daß sie die Verantwortung für ihren eigenen Betrieb tragen. Sie müssen Angestellte einstellen und entlassen können, d. h. also, daß sie einen besonderen Umgang mit Menschen gelernt haben müssen. Je nachdem, um was für einen Betrieb es sich handelt, müssen sie gegebenenfalls auch mit „Kundschaft" zurechtkommen und müssen einen Überblick darüber haben, wie sie (bezogen auf den Geschmack der Kunden) Einkauf und Verkauf günstig gestalten. Hier werden besondere Fachkenntnisse ebenso verlangt wie ein spezieller Umgang mit Menschen.

Tätigkeit im öffentlichen Dienst

Die Arbeitsverträge, die im öffentlichen Dienst geschlossen werden, können für die unterschiedlichsten Tätigkeiten gelten. In der derzeitigen kulturellen Epoche sind die Arbeitsplätze im öffentlichen Dienst sicherer. Krankheit und Fehlzeiten werden länger toleriert, Entlassungen wegen langer Fehlzeiten und mangelnder Arbeitsleistung sind im Vergleich zur Situation in der Industrie erheblich seltener. Die Anforderungen in bezug auf Fachkenntnisse und Umgang mit Menschen sind dabei sehr variabel.

Tätigkeit in Industrie und Wirtschaft

In Industrie und Wirtschaft ist nach heutigen allgemeinen Angaben die Arbeitsanforderung höher als im öffentlichen Dienst. Das Entlassungsrisiko ist höher. Krankheiten und Fehlzeiten oder Bummelei werden nicht so lange geduldet. Dafür wird bei guter Leistung unter Umständen sehr erheblich mehr gezahlt. Die Aufstiegsmöglichkeiten hängen mehr an der Leistung als am Lebensalter. Bei großer Tüchtigkeit können auch sehr junge Menschen schon sehr viel verdienen. Dafür kann in der Wirtschaft und in der Industrie das Arbeitsklima sehr viel hektischer sein, als in den Verwaltungsbetrieben des öffentlichen Dienstes. Die Varianten in bezug auf Fachkenntnisse und Menschenbehandlung sind auch hier sehr groß.

Insgesamt empfiehlt es sich, bei der Suche nach Krisenpunkten im Berufsleben eines Menschen, die zu neurotischer Symptomatik geführt haben, folgende Gesichtspunkte auseinanderzuhalten:

- die geforderte Arbeitsleistung,
- der berufstypische Umgang mit Menschen und spezifischen Kontaktsituationen,
- Geldprobleme.

Ich beginne mit der Beziehung des Patienten zu der von ihm geforderten und vertraglich abgesprochenen Leistung und nenne die hierher gehörigen allgemeinen Gesichtspunkte. Danach soll das Thema der *neurotischen Arbeitsstörung* noch etwas spezifischer abgehandelt werden.

Zunächst einmal sollte man sich darum kümmern, ob folgende Innenbefindlichkeiten bei einem Patienten vorliegen.

- Der Patient ist von seinen Fachkenntnissen her den Leistungen gewachsen, er ist aber von einer neurotischen Dauerangst erfüllt, er könne nicht genügen.
- Der Patient ist den Leistungsanforderungen zwar gewachsen, lebt aber in dauernder Protesthaltung und verdirbt sich den Arbeitserfolg entweder durch Fehlleistungen oder durch halbbewußten bzw. bewußten Protest.
- Der Patient überschätzt sich aus neurotischen Gründen selbst und ist den Anforderungen und Verpflichtungen, die er eingegangen ist, nicht gewachsen. Er kann seine Mängel aber nicht sehen und schon gar nicht durch vermehrte Anstrengung ausgleichen.
- Der Patient ist den Anforderungen gut gewachsen, füllt sie auch aus, lebt aber in dauerndem Rivalitätskonflikt mit seinen Kollegen bzw. mit sich selbst, weil er (fälschlicherweise) glaubt, besseres leisten zu können.
- Der Patient wäre den Anforderungen prinzipiell gewachsen, ist aber in Anbetracht seiner depressiven Herabstimmung zu keiner ausreichenden Aktivität in der Lage.

Wenn man sich an diesen Gesichtspunkten orientiert, dann hat man schon eine gute Ausgangsbasis, um Einblick in die innere Beziehung des Patienten zu seiner Arbeitswelt zu gewinnen. Wenn wir den Besonderheiten einer neurotischen Arbeitsstörung auf die Spur kommen wollen, dann müssen wir uns noch etwas umfassender orientieren.

Nachstehend gebe ich zunächst einmal eine Tabelle, die eine formale Beschreibung unterschiedlicher Arbeitsabläufe bietet.

Neurotische Arbeitsstörungen (Formale Beschreibung)

1. Planung
   a) Verspäteter Beginn
   b) Fehleinschätzung der benötigten Zeit

2. Durchführung
   a) Materialsammlung; Bereitstellen von Handwerkzeug etc.
   b) Kontinuierlich; etappenweise; in letzter Minute
   c) Fehlerkorrektur (perfektionistisch, oberflächlich)
   d) durch Fehlleistungen ständig behindert

3. Abschluß
   a) Rechtzeitig mit der Möglichkeit letztmaliger Korrektur
   b) Verspätet, durch Perfektionismus „überkorrigiert"
   c) „In letzter Minute"; unkorrigiert

Mit Hilfe dieser können die kritischen Punkte für Arbeitsstörungen (wenn auch noch nicht die neurotischen Ursachen) herausgefunden werden.

Wenn wir jetzt einmal davon absehen, daß es Tätigkeiten am Fließband gibt, die sehr mechanisch ablaufen, dann können wir doch wohl davon ausgehen, daß bei den meisten beruflichen Tätigkeiten *Planung, Durchführung* und *Abschluß* der Arbeit zu den wichtigsten Elementen eines Arbeitsganges gehören.

Gleichgültig, ob ein Malermeister die Renovierung einer Wohnung übernommen hat, ob eine Autoreparatur durchgeführt werden soll, ein Küchenchef sein Tagesprogramm festlegt oder eine Hausfrau für die Familie plant, immer ist es von Bedeutung, daß in wichtigen Fällen der benötigte Zeitaufwand richtig eingeschätzt und die Arbeit rechtzeitig aufgenommen wird.

Ebenso wichtig ist es, daß das benötigte Material vor Beginn der Arbeit bereitliegt. Diese Regel gilt in gleicher Weise für schriftliche Berichte, die vielleicht in der Verwaltung angefertigt werden müssen (also Dokumente, Vorgutachten etc.), wie für handwerkliche Tätigkeiten bei denen die Suche nach dem richtigen Handwerkszeug während der Arbeit viel Zeit kostet.

Die Durchführung einer Tätigkeit kann von sehr individuellen Konstanten abhängen. Es gibt Menschen, die sehr viel „Sitzfleisch“ haben und ohne Mühe bei einer Arbeit bleiben. Andere brauchen normalerweise gewisse Erholungspausen. Aus neurotischen Gründen kann ein Mensch aber auch zu sogenannten „Ausweichhandlungen“ übergehen (die übrigens sonst normalerweise in der Phase der Ermüdung eintreten) und es kann ihm (ebenfalls aus neurotischen Gründen) passieren, daß er bei seiner Planung so unter Druck gerät, daß er jede Tätigkeit nur in letzter Minute abschließt.

Bei jeder Zeitplanung gewöhnt sich der Geübte und Erfahrene daran, einen gewissen „Zeitpuffer“ einzukalkulieren, der die Behinderung durch unerwartete und nicht vorhersehbare Schwierigkeiten miteinschätzt. Hierher gehört insbesondere auch die Notwendigkeit, die abgeschlossene Arbeit noch einmal zu überprüfen und zu korrigieren. Die Fehlerkorrektur kann aus neurotischen Gründen übergenau werden. Wir nennen sie dann perfektionistisch. Sie kann aber auch aus einem neurotischen Negativismus heraus zu überflächlich geraten und damit den Wert der Gesamtleistung sehr herabmindern.

Die Behinderung durch ständige Fehlleistungen kann zu einem sehr quälenden Faktor werden, dessen Ursachen aber immer individuell determiniert sind.

Beim Abschluß einer Arbeit gibt es die günstigste Konstellation, die in der Regel darauf hinweist, daß ein Mensch mit seiner Tätigkeit identifiziert ist und daß er sie auch beherrscht: Der erste Abschluß der geplanten Arbeit sollte so rechtzeitig sein, daß bis zu dem geplanten Termin noch Zeit übrigbleibt, um letztmalig Mängel und Fehler zu überprüfen. Dies ist besonders bei schriftlichen Arbeiten wichtig, weil hier eine Korrektur, die das Ganze abrundet, am besten nach einer Ruhepause erfolgt, an die sich dann die letztmalige Korrektur anschließt. Aus neurotischen Gründen können Patienten mit sich selbst und ihren Tätigkeiten so unzufrieden sein, daß sie zu sogenanntem „perfektionistischen" Verhalten tendieren und ihre Arbeit „überkorrigieren", so daß die Korrektur eher Verschlechterungen mit sich bringt als Verbesserungen.

Am meisten Unbehagen verschaffen sich jene Menschen, die schon bei der Planung in Zeitdruck geraten sind und die den Abschluß dann nicht rechtzeitig schaffen. Sie beenden alles ohne eine letztmalige Prüfung und müssen sich dann später mit Beanstandungen auseinandersetzen.

Nun möchte ich aber auch in bezug auf diese formale Beschreibung von Arbeitsabläufen nicht mißverstanden werden:

Auch der gesündeste Mensch kann in einer ermüdeten oder lässigen Phase seines Lebens eine Arbeit später beginnen als der Situation gut tut. Er kann auch so gelangweilt sein, daß er keine ausreichende Planung vorweg gestaltet, bald unter Druck gerät und dann in der Eile den Überblick verliert. Er kann von anderen wichtigeren Themen abgelenkt sein und sich seiner Aufgabe daher nur mit halber Aufmerksamkeit widmen (das wäre etwas anderes als eine neurotische Fehlleistung).

Wenn wir bei einem Patienten wissen wollen, ob seine Arbeitsschwierigkeiten in *neurotischen* Persönlichkeitsmustern wurzeln, dann müssen wir wie immer herauszufinden suchen, ob es sich bei ihm um ein *habituelles Reagieren* handelt, das auch dann nicht abgestellt werden kann, wenn sich der Patient selbst dringend darum bemüht und die äußere Situation es in seinem eigenen Interesse unbedingt erfordern würde.

Weder sogenannte „Faulheit" noch sogenannter „Fleiß" sind von vornherein ein Zeichen von normalem oder neurotischem Reagieren. Es gibt den neurotischen Fleiß ebenso gut wie die neurotische Faulheit, und beide haben jeweils ihren besonderen nachteiligen Stellenwert im Leben eines Menschen. Als neurotisch erkennen wir sie jedenfalls dann, wenn Fleiß eingesetzt wird, obgleich Erholungspausen notwendig wären und wenn Faulheit und Bummelei den Arbeitsvollzug beherrschen und auch nicht abgestellt werden können, wenn dieses Reaktionsmuster einen selbstschädigenden Konflikt heraufbeschwört.

Leider sind wir nun mit der Feststellung, daß Menschen aus neurotischen Gründen verhindert sind, die ihnen aufgetragenen oder von ihnen selbst geplanten Tätigkeiten oder Arbeiten zufriedenstellend zu erledigen, im verstehenden Umgang mit einem Patienten noch keinen Schritt weiter. Wir müssen uns mit jedem Patienten neu gemeinsam auf die Suche nach den unbewußten Determinanten machen, die störend in seine bewußten Planungen eingreifen, sofern er uns berichtet hat, daß er mit der Erledigung seiner Arbeiten immer hinter seinen eigenen Möglichkeiten zurückbleibt und daß er trotz Bemühung immer wieder an den gleichen Ecken scheitert.

Wenn wir uns anhand der Tabelle auf S. 108 ein Bild davon gemacht haben, wie ein Patient seine Tätigkeiten plant, durchführt und abschließt (und wo hier die Störfaktoren liegen), dann können wir uns auch auf die Suche nach den *unbewußten Determinanten* machen, die die bewußte Planung störend behindern.

Auch hier hilft eine kleine tabellarische Übersicht über jene unbewußten Determinanten in einem Patienten, die sich im allgemeinen als die häufigsten Störfaktoren für einen Arbeitsablauf offenbaren:

Neurotische Arbeitsstörungen
(unbewußte Determinanten)

— Unbewußter Protest
— Unbewußte Angst, die eigene Unfähigkeit zu offenbaren
— Unbewußte Angst, hinter dem eigenen Ich-Ideal zurückzubleiben
— Unbewußte Angst, den Überichforderungen nicht zu genügen
— Unbewußte Angst, die Eltern zu überflügeln
— Überbeansprucht durch unbewußte Konflikte

Von dem unbewußten Dauerprotest gegen eine geforderte Tätigkeit hatte ich schon bei meiner Einführung gesprochen. Ebenso von der Dauerangst, daß die eigenen Leistungen nicht genügen könnten. Eine solche Dauerangst kann die geforderten Tätigkeiten begleiten, ohne daß das Ergebnis der Arbeit entscheidend gestört wird. Sie kann aber auch solche Ausmaße erreichen, daß der Beginn der Arbeit hinausgeschoben wird und Planung und Überblick verloren gehen.

Ein anderes Thema ist das Problem des sehr hoch angesetzten „Ich-Ideals“, das über die real gegebenen Möglichkeiten und Talente des Patienten hinausreicht: Ein Patient kann unbewußt mit der Problematik kämpfen, daß das Ergebnis seiner reibungslos durchgeführten Tätigkeiten doch offenbart, daß diese erbrachten Leistungen nicht mit dem eigenen sehr viel höher angesetzten Anspruchsniveau korrespondieren.

Ebenso kann das Gegenteil der Fall sein: Kernpunkt der Auseinandersetzung mit den Eltern kann die Rivalität mit Vater oder Mutter gewesen sein und der Wunsch (untergraben von Angst) den Vater oder die Mutter zu überflügeln. Ein solcher Wunsch kann entweder der Verdrängung zum Opfer gefallen sein oder wurde – wie man auch sagt – „in sein Gegenteil verkehrt“. So bringt der ungelöste Wunsch, sich an einem Elternteil vorbeizuentwickeln, unaufhörlich Störungen beim Arbeitsablauf mit sich. Die Auseinandersetzung mit den verdrängten ehrgeizigen Zielen ist so konfliktgeladen, daß die eigenen hochgespannten Leistungsanforderungen nie erfüllt werden.

Freilich wäre es ein Nachteil und auch eine unzulässige Verkürzung der Lebensprobleme, wenn wir uns bei der Beurteilung der Arbeitssituationen eines Patienten allein auf die geforderten Tätigkeiten konzentrieren würden. Zu jeder Berufstätigkeit gehören nicht nur bestimmte Kontaktsituationen, sondern auch bestimmte Anforderungen an den zwischenmenschlichen Umgang, der Teil der beruflichen Aufgaben ist. Im folgenden fasse ich kurz zusammen, welche zwischenmenschlichen Konstellationen vorkommen und bewältigt werden müssen, damit zugleich die berufliche Aufgabe erfüllt wird. Folgendes gehört in jedem Fall zum Berufsleben:

- Umgang mit gleichberechtigten Kollegen oder Kolleginnen,
- Umgang mit Kundschaft (Einzelwarenhandel oder Großvertreter),
- Umgang mit Auftraggebern (Industrie)
- Koordination unterschiedlicher Arbeitsabläufe von Mitarbeitern,
- Hinnahme von Weisungen,
- Erteilung von Weisungen,
- Einstellung oder Kündigung von Mitarbeitern (in Führungspositionen oder als selbständiger Leiter eines Betriebs).

Sofern ein Beruf die Beteiligung in Entscheidungsgremien mit sich bringt (Vorstand, Aufsichtsrat, Betriebsrat, Selbstverwaltungsgremien etc.), wird es von Wichtigkeit sein, ob ein Mensch die Fähigkeit hat, in einem Gremium produktiv mitzuwirken, d. h. qualifizierte Sachbeiträge zu bringen. Hier stehen rhetorische Fähigkeiten zur Debatte, insbesondere das Talent, sich im richtigen Zeitpunkt mit dem eigenen Beitrag zu melden. Es gibt den neurotischen „Dauerredner" von dem jeder sagt, daß er nur sich selber sprechen hören wolle. Oder es setzt sich bei solchen Patienten eine querulatorische Tendenz durch, die die Wirksamkeit des Sachbeitrages wieder neutralisiert.

Im folgenden gebe ich einige Beispiele für neurotische Schwierigkeiten, die im Beruf durch zwischenmenschliche Konflikte auftauchen können:

- Von der Schnelligkeit einer Akkordarbeiterin hängt auch der Leistungslohn der anderen Akkordarbeiterin mit ab.

  Neurotische Konstellation: Die Patientin richtet sich aus neurotischen Gründen nicht nach dem eigenen Kräftemaß, sondern nach den Wünschen der anderen. Sie ist durch deren Ungeduld stark beunruhigt, kann die gegebenen Möglichkeiten einer Erleichterung nicht in Anspruch nehmen.

- Eine Verkäuferin ist prozentual am Verkauf beteiligt und gerät dadurch mit ihren Kolleginnen in Rivalität.

  Neurotische Konstellation: Die Patientin erträgt den Neid ihrer Kollegin nicht und gibt die „guten Kunden" an die anderen ab, um „ihre Ruhe zu haben".

- Eine Verkäuferin soll ihren Kunden „Ausschußware" anbieten und wird für diesen Verkauf mit Prämien belohnt.

  Neurotische Konstellation: Die Patientin kann weder auf die Prämie verzichten noch die Mißempfindungen ertragen, wenn sie glaubt, eine Kundin „betrogen" zu haben.

- Der gelernte oder ungelernte Arbeiter hat – wie alle übrigen im Betrieb – einen Vorarbeiter, der seine Arbeitsabläufe überwacht. Alle übrigen Kollegen kommen mit diesem Vorarbeiter aus.

  Neurotische Konstellation: Der Patient ist mit Hinblick auf seinen neurotischen Dauerprotest gegen Vorgesetzte außerstande, Weisungen entgegenzunehmen. Er entwickelt sich zum Querulanten und eckt auch bei den gleichrangigen Kollegen mit dieser querulatorischen Tendenz an.

- Ein Arbeitsplatz rüstet einen Mitarbeiter mit sogenannten „Weisungsbefugnissen“ aus.

  Neurotische Konstellation: Der Patient ist nicht in der Lage, Anweisungen auszusprechen, geschweige denn, durchzusetzen. Umgekehrte Situation: Der Weisungsbefugte mißbraucht seine Rechte, gibt unverständliche und sinnlose Anweisungen und tyrannisiert die Mitarbeiter.

- Eine andere Arbeitssituation bringt die in unserem Wirtschaftsleben typische „Mittelposition“ mit sich, in der sowohl Weisungsbefugnisse ausgeübt werden müssen, wie auch Weisungen empfangen.

  Neurotische Konstellation: Manche Patienten solidarisieren sich mit der weisungsbefugten Führungsgruppe und reagieren mit Enttäuschung, wenn sie von dieser Gruppe doch nicht als zugehörig empfunden werden, obgleich die notwendigen Weisungen mit überstarker Härte weitergegeben werden.

  Andere Patienten solidarisieren sich mit der weisungsgebundenen Gruppe und sind nicht gewillt, die Weisungen, die sie weiterzugeben haben, zu akzeptieren, zu verstehen und umzusetzen.

- Die sogenannten gehobeneren Positionen, die „Führungsqualitäten“ verlangen, erfordern nicht nur die Fähigkeit eines Menschen mit nachgeordneten Mitarbeitern umzugehen. Sie erfordern vor allem, daß der Betreffende in etwa darüber Bescheid weiß, wieviel Zeit bestimmte Arbeitsabläufe beanspruchen, so daß er seine Mitarbeiter weder über- noch unterfordert. Er muß auch wissen, wie er auf Fehlzeiten, Krankschreibungen und Minderleistungen zu reagieren hat. Umsicht, Entscheidungsfreudigkeit, Entscheidungsschnelligkeit werden ebenso verlangt wie die Bereitschaft, Verantwortung zu übernehmen, zu Fehlern zu stehen und sich gegebenenfalls auch einmal unbeliebt zu machen, wenn härteres Durchgreifen erforderlich ist.

  Neurotische Konstellation: Der Patient ist unsicher über die Eigenart der geforderten Arbeitsabläufe, gibt widersprüchliche Anweisungen und reagiert auf Mängel des Arbeitsablaufes entweder zu schroff oder zu nachsichtig, ohne daß er diese Verhaltensstereotype abändern könnte. Er ist überstark auf die Anerkennung durch seine Mitarbeiter angewiesen.

- Gänzlich andere Probleme im zwischenmenschlichen Bereich gelten für alle Vertreterberufe: Der erfolgreiche Vertreter (sei es in der Großindustrie, sei es im konsumorientierten Einzelhandel) muß in der Lage sein, die Marktlage ebenso wie die Wünsche und Bedürfnisse seines Kunden soweit zu berücksichtigen, daß er selbst (der Vertreter) nicht in schlechten Ruf gerät, weil er seine Kunden schlecht beraten hat. Andererseits muß er doch den eigenen Vorteil bzw. den Vorteil der Firma so weitgehend wahrnehmen, daß die Belange der Kunden dahinter zurücktreten.

Neurotische Konstellation: Der Patient wirkt zu „gerissen“, die Kundschaft mißtraut ihm rasch, der Patient wechselt über zu großer „Kulanz“ und kann aus neurotischen Gründen das notwendige Mittelmaß nicht finden.

Über diese berufsspezifischen Anforderungen hinaus, die einen bestimmten Umgang mit Menschen erfordern, gibt es nun natürlich jede Form von Problematik, die den beruflichen Kontakt mit Mitarbeitern und Vorgesetzten betreffen: So sehr die berufliche Kontaktsituation für viele Menschen einen Ausgleich für familiäre Problematik oder auch für Isolierung bietet, so sehr können hier auch die Wurzeln für habituelle neurotische Konflikte zu finden sein: Neurotische Dauerrivalität mit Kolleginnen oder Kollegen, Übergefügigkeit oder Dauerprotest Vorgesetzten gegenüber, eine intrigante Neigung, Menschen gegeneinander auszuspielen, können zum Thema einer neurotischen Berufsproblematik werden.

Freilich darf über der Beachtung der Arbeitsleistung und der zwischenmenschlichen Kontakte im Arbeitsbereich die Geldproblematik nicht vergessen werden, die mit einer Berufssituation verknüpft sein kann:

- Ein Mangelberuf wird in der Regel gern überbezahlt. Es gibt Menschen, die aus neurotischen Gründen nicht in der Lage sind, hier die angemessenen Forderungen zu stellen.
- Wer seine beruflichen Wünsche (mit der zugehörigen Ausbildung) auf ein Gebiet abgestellt hat, das von der Gesellschaft nicht so sehr gebraucht wird, der muß finanzielle Einschränkungen hinnehmen. Eine neurotische Gesellschaftsanklage kann in diesen Situationen auftauchen: Der Wunsch nach künstlerischer Selbstverwirklichung mündet nicht in Produkte, die auch gern gekauft werden: Daran ist aber „die Gesellschaft“ schuld.
- Bei tariflich geregelten Arbeitsverträgen wird es gelegentlich zum Problem, ob und in welchem Ausmaß Überstunden geleistet (aber möglicherweise nicht bezahlt) werden. Umgekehrt, ob und in welchem Ausmaß der Arbeitnehmer eine Minderleistung bringt, die ihn als Bummelanten kennzeichnet. Es wird dann zur Frage, ob sich der Arbeitgeber mit Minderleistungen dadurch

auseinandersetzen kann, daß er bestimmte Arbeitsstunden nicht bezahlt und ob sich dann etwa ein Arbeiter auf dem Bau durch Mitnahme von Materialien schadlos hält.

Diese normalen Konflikte im Arbeitsleben haben alle ihre neurotischen Varianten: Aus neurotischen Gründen machen manche Menschen Überstunden, die sie sich nicht bezahlen lassen. Aus ebenso neurotischen Gründen wird gebummelt, die Arbeit nicht erfüllt und dann mit sehr viel Protest erlebt, daß das Arbeitsverhältnis vom Arbeitgeber gelöst wird.

Das Thema der Geld- und Besitzkonflikte hatten wir ja bereits in seinen spezifischen Nuancen als Konfliktquelle für das Familienleben kennengelernt. Bevor ich in einem späteren Kapitel zur Erörterung des Besitzerlebens ganz allgemein übergehe, bringe ich jetzt noch im Zusammenhang mit Berufsproblemen und Arbeitsstörungen einen gesonderten Abschnitt, der sich mit den *Lernschwierigkeiten* eines Menschen befaßt. Es hat sich heutzutage eingebürgert, Lern- und Leistungsschwierigkeiten in einem Atemzug zu nennen und damit das Wort „Arbeitsstörungen" auch auf jene neurotischen Behinderungen zu beziehen, die bei Lernleistungen auftauchen können. Diese Vermengung ist allerdings in der Regel ein Fehler. Dies insbesondere dann, wenn *studentische* Lernleistung gemeint ist, die – allen Behauptungen über die Verschulung der Universitäten zum Trotz – auch heute noch ein sehr hohes Maß an *selbständiger* Lernleistung verlangt.

Bei einer Verwechslung von Arbeitsstörungen mit Lernschwierigkeiten vergißt man ja zunächst einmal, daß junge Patienten, die noch im Studium sind, keinen Arbeitsvertrag zu erfüllen haben. Es fehlt ihnen daher die strukturierende Orientierungshilfe einer festgelegten Arbeitssituation. Statt dessen müssen sich diese Patienten darum bemühen, einen angebotenen Wissensstoff mehr oder weniger selbständig zu assimilieren. Nun sind aber Lernvorgänge ein sehr komplexes Geschehen, das viele Lebensbereiche des Menschen umgreift: Wir lernen bestimmte Verhaltensweisen in der zwischenmenschlichen Verständigung und im persönlichen Umgangsstil. Wir lernen Wertnormen, Sitten und Gebräuche. Und wir sprechen von Lernleistungen, die im engeren Sinn auf unsere Berufs- und Arbeitswelt bezogen sind vor allem dann, wenn Fertigkeiten oder Fachkenntnisse erworben werden.

Bei all diesen Lernleistungen sind sehr unterschiedliche Vorgänge im Spiel. Einige von ihnen seien hier benannt:

- Lernen durch Nachahmung
- Lernen durch Identifikation
- Lernen unter Anleitung
- Selbständiges (autodikatisches) Erarbeiten von Fähigkeiten und Wissensstoff

Ich sagte schon, daß vor allem bei der Beurteilung von Lernschwierigkeiten während des Studiums oft vergessen wird, daß jegliches Studium eine besondere Fähigkeit zu selbständigem Arbeiten erfordert. Das Lernen unter Anleitung (wie es zum Beispiel der Lehrling in der Werkstatt erfährt) nimmt im Verlauf eines Studiums einen sehr viel geringeren Raum ein. Selbständiges Lernen setzt aber jedenfalls bestimmte Eigenschaften voraus über die nicht jeder Mensch verfügt und deren Mangel auch gar nicht immer auf eine neurotische Behinderung schließen läßt.

Neurotisch ist oft nur die Tatsache, daß jemand ein Studium wählt, obgleich er gerade über diese Fähigkeit zu selbständigem Arbeiten nicht verfügt. Wir sollten in diesem Zusammenhang ganz grundsätzlich bedenken, daß die *Mehrzahl* aller Menschen darauf angewiesen ist, daß sie für ihre Lernleistung eine Anleitung erhalten. Wäre das nicht so, dann brauchten wir keine Schulen und jedes Kind würde selbständig Rechnen, Lesen und Schreiben lernen.

Wenn wir die speziellen negativen Einflüsse verstehen wollen, die bei Lernvorgängen von neurotischen Behinderungen ausgehen, dann hilft uns vielleicht die folgende Einteilung weiter, die einige unterschiedliche Vorgänge bei Lernleistungen voneinander abhebt. Für das Verständnis neurotischer Lernschwierigkeiten ist es hilfreich, folgendermaßen zu unterscheiden:

- Die Wahrnehmung der angebotenen „Reizkonfigurationen"
- Die Wahrnehmung der Ergebnisse des eigenen Verhaltens.
- Die Motivation und der Bedürfniszustand des lernenden Individuums.
- Die „Belohnung" und die damit zusammenhängende Bedürfnisminderung nach erfolgreicher Lernleistung
- Wiederholung und Übung
- Das Intervall, in dem die Wiederholung der Lernleistung erfolgt.
- Die Art der Aktivität im Anschluß an die Lernleistung.

Diese einzelnen Elemente, die ein erfolgreiches Lernen beeinflussen, sind leicht zu verstehen: Die Wahrnehmungsfähigkeit für das, was gelernt werden soll (Buchstaben, Zahlen, Texte, handwerkliche Aufgaben) als „Reizkonfiguration", darf nicht durch eine Teilleistungsschwäche geschädigt sein. Ebensowenig die Wahrnehmung der Ergebnisse, die die eigene Tätigkeit hervorgebracht hat.

Die erforderliche Wahrnehmungsleistung kann aber auch aus *neurotischen Gründen* geschädigt sein: Dann wirken sich sogenannte intentionale Lücken, die die Wahrnehmung der Welt beeinträchtigen, nachteilig aus. Oder ein Patient ist von inneren Konflikten so überstark beherrscht, daß er sich mit der Außenwelt nicht mehr konzentriert befassen kann, sondern „ablenkbar" oder „unaufmerksam" wird.

Daß ein Mensch zu einer Lernleistung motiviert sein muß, ist eine Binsenweisheit. Bei Kindern ergibt sich die stärkste Motivation im allgemeinen durch die Bindung an die lehrende Persönlichkeit. Im Erwachsenenalter muß die Zielvorstellung, die mit dem Ergebnis der Lernleistung verknüpft ist, stark sein. Dies insbesondere dann, wenn sich die gelernte Fähigkeit nicht mit einer unmittelbaren Befriedigung verknüpft, wie das bei handwerklichen Leistungen häufiger der Fall ist, als bei der Aufnahme von abstraktem Wissensstoff.

Hat ein Schüler oder ein Student zum Beispiel keine Vorstellung, was er mit dem angebotenen Wissensstoff später einmal anfangen soll und ist ihm das Wissen selbst uninteressant, dann ist die Motivation zu Lernleistungen mit Sicherheit gemindert. Dies wäre im Grunde eine gänzlich normale Reaktionsweise.

Bei einer allgemein depressiv herabgestimmten Gefühlslage hingegen sind Interessehaltung, Neugier und die Motivation zu allen Aktivitäten gelähmt und herabgedrückt. Die Befriedigung von Neugier oder das Erfolgserlebnis bei einer neugewonnenen Fertigkeit können das Lebensgefühl nicht mehr erhöhen. Insofern ist auch kein Antrieb mehr da, neue Kenntnisse aufzunehmen und durch Wiederholung und Übung fest zu assimilieren.

Das freudige Erlebnis einer *Belohnung* für eine gelungene Lernleistung spielt in unserem Industriezeitalter eine immer geringere Rolle, je älter der Lernende wird: Das Schulkind lernt noch gern für Eltern oder Lehrer. Es befriedigt vielleicht auch seine Neugier und hat Spaß an den erworbenen Fähigkeiten, die anerkannt werden (gute schulische Bedingungen vorausgesetzt). Schon für den Studenten fällt die unmittelbare Befriedigung oder affektive „Belohnung" in der Regel weg. Ein gut absolvierter Kurs, ein abgeschlossenes Praktikum, eine gelungene Klausur haben nur noch eine geringe Beziehung zu dem unterrichtenden Dozenten. Auch die Anerkennung der Eltern hat geringeren Wert, da sich diese häufig von den geforderten Lernleistungen keine Vorstellung machen können.

Der Abschluß eines Studiums als sogenannte „Belohnung" ist für das Zeiterleben eines jungen Menschen so weit entfernt, daß sich hier kaum unmittelbare hilfreiche Motivationen für eine Lernleistung ergeben. Eine sehr spezifische *neurotische* Problematik liegt immer dann vor, wenn die Vorstellungen eines Patienten über die Zeit, die *nach* dem Studium kommt, stark *angstbesetzt* sind. Dann wird der Abschluß des Studiums nicht mehr zu einer positiven Zielvorstellung. Stattdessen wirken sich die unbewußten Zukunftsängste, die die Patienten bei allen Phantasien über die späteren Berufsumstände empfinden, hemmend und hindernd auf die geforderten Lernleistungen aus. Wenn Studenten über sogenannte „Arbeitsschwierigkeiten" klagen, dann ist es immer wichtig, sich mit den Zielvorstellungen zu befassen, die der Student mit seinem Studium verknüpft. Insbesondere ist es wichtig zu wissen, ob er wirklich beim Beginn des Studiums jene Berufsumstände angestrebt hat, die ihn einmal erwarten.

Weitere Nachteile für eine erfolgreiche Lernleistung ergeben sich aus einem häufigen (zum Teil auch neurotisch determinierten) Irrtum, in dem sich Patienten befinden, wenn die Notwendigkeit ansteht, das einmal gelernte auch zu *wiederholen* und zu *üben.* Jeder Mensch, der nicht über eine ganz besonders günstige Ausrüstung hinsichtlich seiner Gedächtnisleistungen verfügt, muß damit rechnen, daß er das einmal Gelernte auch wieder vergißt und daß er die Lernleistung wiederholen muß. In der Regel unterscheiden wir zwei Gedächtnistypen: Den leichten Lerner, der rasch behält, aber auch bald wieder vergißt. Daneben gibt es jenen Lerntypus, der die Lernleistung oft wiederholen muß, dafür aber dann den Vorteil hat, daß das Gelernte auch „sitzt". Die Menschen, die sowohl leicht lernen und gleichzeitig auch lange behalten sind selten und von der Natur stark begünstigt. Wer schwer lernt und gleichzeitig noch rasch vergißt, ist im Nachteil.

Nun ist die allgemeine Unlust, zu wiederholen und zu üben, kein neurotisches Phänomen, sondern normal. Auch der Student überwindet diese Unlust meist nur unter Examensdruck. In selteneren Fällen auch dann, wenn ein Student in einem günstigen familiären Klima aufgewachsen ist, in dem eine geistige Orientierung vorherrschte und Bildung und Kenntnisreichtum als ein positiver Wert angesehen wurden. Unter diesen Bedingungen kann der Wunsch, sachkundig an den Gesprächen und dem Erfahrungsaustausch der Umwelt teilnehmen zu können, zum Motor für wiederholte Lernleistung werden.

Der *neurotische Konflikt*, den wir am häufigsten vorfinden, wenn die notwendigen Übungs- und Wiederholungsschritte nicht vollzogen werden, liegt im *unbewußten Protest* gegen die (vermeintlich) geforderte Leistung, der kein Sinn und keine Freude abgewonnen werden kann. Wenn zum Beispiel ein Studium – was heutzutage nicht ganz selten ist – mehr aus Ratlosigkeit gewählt wurde, weil kein anderer Beruf „Spaß machte", dann ist im allgemeinen die Motivation zu der notwendigen (und immer langweiligen) Wiederholungs- und Übungsleistung gering. Der Betreffende erlebt die Lernschritte für sein Studium nicht als eine selbst gewählte Aufgabe für die er auch die Verantwortung trägt, sondern als eine Forderung gegen die er protestiert. In diesem Selbstmißverständnis bleibt natürlich der Erfolg beim Durchlaufen der Studiengänge aus.

Sofern man Schüler oder Studenten mit Lernschwierigkeiten zu beraten hat, dann ist es nützlich, wenn man ihnen zusätzlich noch eine Information weitergibt, die nicht sehr viel mit neurotischen Problemen zu tun hat, deren Kenntnis aber den Erfolg einer Lernleistung deutlich anheben kann: Es ist nicht sehr bekannt, daß ein Mensch nach einer angespannten Lern- oder Übungsleistung nach Möglichkeit nicht sofort eine andere intensive Aktivität anschließen sollte. Umfangreiche didaktische Erfahrungen haben gelehrt, daß eine Lernleistung um so besser erhalten bleibt, wenn nach dem Lernvorgang eine Ruhe- und Entspannungspause folgt. Warum das so ist, wissen wir nicht. Es ist aber ein Faktum, das der gelernte Stoff umso eher verloren geht, je rascher sich eine ganz andersgeartete intensive Aktivität an die Lernleistung anschließt.

Im Rückblick auf das eben behandelte Thema möchte ich jetzt noch einmal betonen, daß ein aus neurotischen Gründen gestörter Arbeitsvollzug etwa anderes ist, als eine aus neurotischen Gründen gestörte Lernleistung. Arbeitsleistungen verlangen wir in der Regel erst dann, wenn die geforderten Kenntnisse und Fähigkeiten bereits erworben wurden. Bei guten Lernleistungen gehen wir davon aus, daß der Erwerb von neuen Kenntnissen und Fertigkeiten nach Möglichkeit unter optimalen Bedingungen erfolgt (am besten unter Anleitung). Gleichzeitig sollte die Motivationslage des lernenden Individuums und die Befriedigungen, die durch das Lernen erlebt werden ausreichen, damit die neuen Kenntnisse und Fertigkeiten durch die notwendige Wiederholung und Übung gefestigt werden.

Immerhin dürfen wir nicht vergessen, daß der Lernende noch nicht im Erwerbsleben steht und ihm insofern auch das Befriedigungsgefühl verlorengeht, daß er seine eigene Existenz selbständig sichert oder daß er mit dem erworbenen Geld auch Unabhängigkeit erlangt und die Möglichkeit zur Befriedigung vieler Wünsche und Bedürfnisse.

Ein *neurotisches Reaktionsmuster*, das den Wunsch nach selbständigem Gelderwerb und damit nach Unabhängigkeit lähmt und bei dem statt dessen der Anspruch auf Versorgungsleistung das Bedürfnis nach Selbständigkeit verdrängt, spielt bei jenen Lebensläufen eine Rolle, in denen verlängertes Studium, Mehrfachstudium oder Studienwechsel den Zeitpunkt immer weiter hinausschieben, in dem der Erwerb von eigenem Geld (und die damit verbundene Selbständigkeit) die Lebensordnung bestimmt.

Über die neurotischen Störquellen, die das Leben eines Menschen beeinträchtigen können, wenn er sich im Umgang mit Geld und Besitz nicht zurechtfindet, will ich im nächsten Kapitel berichten.

IV. Besitzerleben und -verhalten

In dem früheren Kapitel über Familienprobleme habe ich bereits davon gesprochen, daß die unterschiedlichen Reaktionsweisen zweier Menschen in bezug auf Geld und Eigentum zum neurotischen Dauerkonflikt zwischen den beteiligten Partnern werden können. Ich möchte hier noch einmal die Gelegenheit ergreifen, um darauf hinzuweisen, daß die Besitzproblematik zwischen zwei Menschen oder in einer Familie bevorzugt zu jenem Konfliktstoff gehört, der es verhindert, daß längst gescheiterte Beziehungen aufgelöst werden. Zugleich handelt es sich um einen Konfliktstoff, der dazu beitragen kann, daß ein neurotisches Krankheitsbild nicht allmählich abklingt, sondern daß es mit Hinblick auf die ständig wirksamen Spannungsfaktoren weiter bestehen bleibt.

In den früheren Kapiteln habe ich auch schon mit Hilfe einiger Fallbeispiele illustriert, welche neurotischen Reaktionsmuster einen Patienten in seinem Umgang mit Geld charakterisieren können und welche zugehörigen Probleme und Konflikte sich dann einstellen. Es ist aber doch wohl notwendig, daß ich jetzt einmal in einem gesonderten Kapitel die wichtigsten unterschiedlichen Verhaltensweisen beschreibe, die der Mensch im Umgang mit Geld und Besitz kennt. In unserem Zeitalter ist der Mensch ja – um mit GEORG SIMMEL zu sprechen – mehr oder weniger das „indirekte Wesen". Das heißt, seit der größte Teil der Menschheit den Tauschhandel durch Geldgeschäfte ersetzt hat, laufen wichtige Elemente der Triebdurchsetzung und Bedürfnisbefriedigung auf dem Umweg über das Geld ab. Es ist fast erstaunlich, daß FREUD diesen speziellen Problemen bei der Entwicklung seiner Neurosenlehre so wenig Aufmerksamkeit gewidmet hat. Immerhin wirkte sich ja seine eigene Vermögenslage entscheidend darauf aus, daß er seine Verlobte (sein „Liebesobjekt") erst so spät heiraten konnte.

Jedenfalls war es auch zu FREUDs Zeiten schon eindeutig klar, daß die wirtschaftlichen Verhältnisse eines Menschen seine Liebesverbindungen ebenso beeinflussen, wie seine Möglichkeiten, Macht und Ansehen zu gewinnen. Natürlich wird dieser Umweg der Bedürfnisbefriedigung über das Geld erst in den späteren Jahren des erwachsenen Menschen wichtig. In jeder Kinderentwicklung hat das Erleben um „mein" und „dein" noch einen sehr unmittelbar dinglichen Charakter. Auch die sehr frühen Befriedigungen des Säuglings und Kleinkindes, die Sättigung und Ruhe bringen (oder Hunger, Mangelerlebnisse und Erregung), wirken sich nach psychoanalytischen Erfahrungen auf die spätere Charakterbildung aus. Es war KARL ABRAHAM, der diesem Thema als erster seine Aufmerksamkeit zuwandte. Allerdings blieb ABRAHAM noch bei der älteren psychoanalytischen Begriffsbildung, die von „prägenitalen" Trieben sprach, und mit Hilfe dieser Sprachregelung vor allem die Beziehung dieser „Partialtriebe" zur libidinösen Entwicklung des Säuglings und Kleinkindes hervorhob.

In späteren Jahren haben sich bestimmte psychoanalytische Arbeitsgruppen dafür entschieden, neben der Anerkennung der aggressiven Impulse (die FREUD noch selbst vorgenommen hat) auch die Eigenständigkeit der sogenannten „oralen" Triebregungen zu beachten und ihre Bedeutung für die Entwicklung eines neurotischen Charakterbildes zu würdigen. Insofern ist es mir in diesem

Kapitel auch ein besonderes Anliegen, daß ich die unterschiedlichen Reaktionen der Menschen in Bezug auf Besitz und Eigentum so ausreichend beschreibe, daß die zugehörigen neurotischen Reaktionsmuster verständlich werden.

Ich versuche dies zunächst mit Hilfe einer Tabelle, die ich anschließend erläutern will. Zuvor sei jedoch noch einmal an die Ausführungen aus dem ersten Kapitel erinnert:

Jedes Verhalten, das ich im folgenden benenne, kann unter gegebenen Bedingungen eine gänzlich unneurotische Reaktionsweise sein, die der Situation angemessen ist und die dem betreffenden Menschen einerseits zur Verfügung steht, andererseits aber auch aufgegeben werden kann, wenn es erforderlich sein sollte. Wonach wir – wie immer – auch in diesem Kapitel suchen müssen, sind jene Reaktionsweisen, die sich als festgelegtes Verhaltensstereotyp herausgebildet haben und die *nicht* austauschbar sind. Verhaltensweisen, die sich zur Unzeit melden, selbst wenn sie nicht gebraucht werden. Oder die nicht einmal dann aufgegeben werden können, wenn sich der Patient mit diesem neurotischen Verhalten selber Schaden zufügt.

Besitzerleben und -verhalten

	Existenz sichern	
	Geniessen	
	„Vermögen" (Macht)	
Erwerben	Behalten	Geben
Erobern	Sammeln	Schenken
Rauben	Verteidigen	Verschleudern
Stehlen		
Bitten	Unterstützt werden, Versorgt werden	
Fordern	Schulden machen	
	Einteilen	
	Verwalten	
	Investieren	

Aus dieser Tabelle greife ich zunächst einmal eine menschliche Verhaltensweise heraus, die sich mit Sicherheit (mindestens für die

Menschen in nördlichen Gegenden) als arterhaltend erwiesen hat: Die Fähigkeit zur *Vorratshaltung*: Der Mensch, der unterschiedlichen Witterungseinflüssen ausgesetzt war, mußte in der Lage sein, Vorräte zu sammeln und ihren Bestand so lange zu erhalten, bis die ungünstigen Witterungsperioden vorüber waren. Sammeln von Lebensmitteln und wärmender Kleidung waren ein arterhaltender Anfang. Das Sammeln von interessierenden und vielleicht auch schönen Gegenständen gehörte – soweit uns die menschliche Geschichte lehrt – ebenfalls bald zu den charakteristischen Eigentümlichkeiten vieler Menschen, die sich durch den Anblick gesammelter schöner Gegenstände erfreuen.

Sammeln wird erst dann zum *neurotischen Problem*, wenn über das notwendige Maß hinaus Besitz angehäuft (und nicht benutzt) wird, oder wenn gar unbrauchbare und sinnlose Gegenstände gesammelt, geordnet und etikettiert werden. So sagt man von SCHOPENHAUER, daß er Kästchen beschriftet haben soll mit dem Etikett „Bindfadenenden, die nicht mehr zu brauchen sind". Dabei darf man unter psychiatrischen oder psychodynamischen Gesichtspunkten gewiß davon ausgehen, daß der Sammler, der Unnützes in der eben beschriebenen Form aufbewahrt, in jedem Fall etwas tut, was ihm selbst Befriedigung verschafft oder vielleicht der Angstabwehr dient. Die Unsinnigkeit und auch Unkorrigierbarkeit des beschriebenen Verhaltensmusters gibt ihm die neurotische Qualität, die bei einigen Absonderlichkeiten im Lebenslauf eines Menschen nur harmlose Auswirkungen zu haben braucht, in gravierenden Fällen aber dazu führt, daß ein Mensch bei hohem Bankkonto in Armut und Elend stirbt.

Ich gehe jetzt einmal die oben aufgeführten Stichworte meiner Tabelle durch:

Am Kopf der Tabelle habe ich mit drei Begriffen aufgeführt, wozu der Mensch Besitz und Eigentum *braucht*: Die Sicherung der Existenz mit Nahrungs-, Kälte- und Gesundheitsschutz stehen gewiß an erster Stelle. Die Freuden, die man darüber hinaus aus Wohlstand und Reichtum ziehen kann, sind groß. Macht und Einfluß, die ein „vermögender", „mächtiger" Mensch durch seinen Reichtum erwirbt, spielen im Leben vieler Persönlichkeiten eine große Rolle.

Hier eine kurze Diskussion der zugehörigen *neurotischen Reaktionsweisen*: Ein Mensch ist nicht in der Lage, das kleine Minimum an Arbeitsleistung zu erbringen, das er zum Gelderwerb benötigt, um seine Existenz zu sichern. (Ich sehe hier von äußerst ungünstigen sozialen Verhältnissen ab und unterstelle, daß die soziale Möglichkeit zum Gelderwerb gegeben ist.) Bei diesen Patienten gibt es häufig einen Austausch zwischen den (dann ebenfalls neurotischen) Reaktionsweisen, die auf Versorgung und Unterstützung hin orientiert sind. Unter bestimmten Bedingungen einer äußeren Lebensbelastung wäre es zwar sicherlich neurotisch, wenn ein Mensch nicht in der Lage wäre, um Unterstützung zu bitten, gegebenenfalls einen Kredit aufzunehmen oder sich der freundschaftlichen Versorgung durch andere zu überlassen. Wer aber mit einem festgelegten Verhaltensstereotyp auf Unterstützung anstatt auf eigenständige Tätigkeit hin ausgerichtet ist, der trägt aller Wahrscheinlichkeit nach neurotische Einengungen in sich: Selbständige und konstante Tätigkeit, die zum Gelderwerb führt, ist aus neurotischen Gründen unmöglich. Die Phantasie, daß die eigene Tätigkeit die Existenz sichern müßte, ist ausgelöscht. Statt dessen besteht die Vorstellung, daß andere für die eigene Versorgung verantwortlich seien. Unter Umständen gibt es bei solchen Menschen ein quälendes, masochistisches Bitten um Geld, Schuldenmachen und die Notwendigkeit, immer wieder demütigende Arrangements zu treffen, wenn die Schulden nicht bezahlt werden können.

Weiter: Nur wer das erworbene Geld auch *genießen* kann, kennt die zusätzlichen Freuden, die über die Sicherung der Existenz hinausgehen. Die Möglichkeit, jenes Behagen in den Alltag zu tragen, das über die reine Existenzsicherung hinausgeht, Freunden helfen zu können, wenn es erforderlich ist und Spielraum im Aktionsradius zu haben, vermitteln ein Gefühl der Freiheit und Freude, das man jedem Menschen wünschen möchte.

Die Patienten, die sehr spartanisch erzogen wurden und zu deren Wertwelt es gehört, daß Sparsamkeit und bedürfnisarme Lebensführung der höchste Wert sind, können aus der Orientierung an solchen Leitlinien große Befriedigung ziehen und brauchen nicht zu erkranken.

Die Konstellationen, unter denen eine solche neurotische Balance aus dem Gleichgewicht gerät, entspringen häufig dem *Vergleich* mit anderen Menschen, die bei gleicher Aktivität, bei gleichem Erwerbssinn und vielleicht sogar bei ähnlich disziplinierter Lebensführung doch viel mehr Befriedigung aus dem gewinnen, was sie sich erworben haben: Mehr Lebensfreude, mehr Abwechslung und auch mehr Kontaktreichtum. Das Thema der neurotischen Rivalität wird dann mit zum determinierenden Faktor für ein gestörtes seelisches Gleichgewicht.

Auf meiner Tabelle habe ich dann auf der linken Seite einige Verhaltensweisen versammelt, die etwas damit zu tun haben, daß ein Mensch sich aktiv um irgendeinen Besitz bemüht. Ich halte es für wichtig, daß ein Therapeut, der mit Patienten umgeht, die Nuancen dieser Seite des aktiven Umgangs mit Besitz und Geld kennt. „Erwerben" durch Tätigkeit, „Erobern" durch Kampf, „Rauben" durch Gewalttätigkeit, „Stehlen" durch Heimlichkeit, „Bitten" durch freundschaftlichen Umgang mit der Umgebung, „Fordern" im Rahmen verbal-aggressiver Auseinandersetzung müssen auseinandergehalten werden, um ihren neurotischen Stellenwert – falls er vorhanden ist – einzuordnen:

Wenn ein Patient zum Beispiel stiehlt, weil ihm konstante Tätigkeit zum Gelderwerb nicht möglich ist oder er aus allen möglichen Gründen keine Lust dazu hat, dann mag das Stehlen noch nicht unbedingt eine neurotische Reaktionsweise sein. Wenn er sich aber (meist als Jugendlicher) habituell beim Stehlen erwischen läßt, dann muß der Therapeut aufmerksam werden.

Eine andere Variante ist die neurotische Verwechslung von Bitten und Fordern. Es gibt ängstlich gehemmte Menschen, die in Situationen, in denen sie nur darauf zu bestehen haben, daß ihnen ihr Recht zukommt, eine ängstliche Bitte aussprechen, während eine gelassene Forderung angemessen wäre. Umgekehrt gibt es Menschen, die fordern, ohne daß ein Anspruch oder ein Recht auf ihrer Seite wäre und eine freundliche Bitte sehr viel mehr Aussicht auf Erfolg hätte.

In der Mitte meiner Tabelle habe ich dann jene Worte zusammengefaßt, die die oben von mir schon erwähnte „normale" Vorratswirtschaft der Menschheit betrifft: Der Mensch muß in der Lage sein, das Erworbene auch zu erhalten, es anzusammeln und gegen Angriffe zu verteidigen.

Wer als Kind gelernt hat, daß das Abgeben das Richtige sei und er immer nur gibt, anstatt zu behalten, der gerät in Schwierigkeiten.

Wer aber auch dann behält, wenn der zwischenmenschliche Umgang durch ein Geschenk oder eine Gabe nur gewinnen könnte und erfreulich gestaltet würde, den schränkt dieses neurotische Verhaltensmuster in bedauerlicher Weise ein.

Trotzdem müssen wir auch bedenken, daß nicht nur „Behalten“ und „Schenken“ als Normalreaktionen wichtig und erforderlich sind. Auch „Geben“ und „Schenken“ können als neurotische Reaktionsweisen festgelegt sein: Das „neurotische Geschenk“ als Werbung, um eine existenzielle Lebensunsicherheit zu beschwichtigen, ist ein bekanntes neurosenpsychologisches Phänomen. Geschenke dieser Art können trotz allem den alltäglichen Umgang mit anderen Menschen liebenswürdiger gestalten als zuvor. Schwierig wird es, wenn das neurotische Geschenk von der Erwartung auf eine habituelle Dankbarkeitshaltung begleitet wird. Wer neurotisch und ungern schenkt und zugleich ebenso dauernde Dankbarkeit erwartet, wird ein sehr unerfreuliches Mitglied in Familie und Freundeskreis. Die Geschenke quälen nur, und die aggressive Verpackung (die Dankbarkeit fordert) setzt einen höchst ungünstigen Kreisprozeß negativer wechselseitiger Empfindungen in Gang.

Die drei Begriffe, die ich aufgeführt habe, um die Fähigkeit eines Menschen zu benennen, sich von seiner Umgebung helfen zu lassen, sind schon aufgetaucht, als ich davon sprach, wie ein Individuum seine Existenz sichert. Ganz gewiß gehört es zum „normalen“ Reagieren eines Menschen, daß er in der Lage ist, in hilfsbedürftigen Situationen auch Hilfe anzunehmen. Es gibt die neurotische Haltung, die in Lehrbüchern auch als sogenannte „stramme Haltung“ beschrieben wird, die es einem Patienten unmöglich macht, in der Phase geschwächter Lebenskraft um die Versorgung durch andere zu bitten oder sich diese gern gegebene Versorgung auch gefallen zu lassen.

Ebenso gibt es das umgekehrte neurotische Verhaltensmuster: Die neurotische Bewältigungsstrategie in Lebenskrisen hat zu geringe Elemente an Eigenaktivität und zu viele (habituell auftauchende) Erwartungen an die Dienst- und Versorgungsleistungen durch andere. Im psychoanalytischen Sprachgebrauch spricht man bei solchen Menschen auch von „regressiven Verhaltensweisen“. Man meint damit, daß die frühen Organisationsstufen der Ich-Entwicklung (in der das Kind auf Versorgung und Schutz angewiesen war) wiederbelebt werden oder daß der Patient auf diesen Entwicklungsstufen fixiert geblieben ist. Man spricht auch von anspruchsvollen „Haltungen“, bei denen sich dann meist für den Untersucher ein Gemisch von Forderung und Passivität bemerkbar macht.

Die sechste und letzte Gruppierung von Verhaltensweisen, die ich in meiner Tabelle aufgeführt habe, geht um die Verwaltung und Einteilung von vorhandenem Geld und Eigentum. Seit es eine Geldwirtschaft gibt, und insbesondere im Industriezeitalter, wird vom Menschen eine erhöhte Abstraktionsleistung verlangt: Das vorhandene Geld muß als Zahlungsmittel so eingeteilt werden, daß zunächst die Grund- und Alltagsbedürfnisse des Lebens zu befriedigen sind. Es darf nicht an falscher Stelle vorfristig ausgegeben werden, so daß es dann für einen lebenswichtigen Bedarf oder als Reserve in Krisensituationen nicht vorhanden ist. Diese Form des Umgangs mit Geld muß gelernt werden. Umsomehr, je mehr Geld vorhanden ist. Es gibt aber eine neurotische *Verleugnung* der Wichtigkeit des Geldes bei stark andrängenden unbewußten oralen Wünschen. Die Folge davon ist, daß diese Patienten oder Patientinnen den Überblick über ihre Vermögensverhältnisse verlieren: Plötzlich haben sie Schulden, mit denen sie nicht rechneten oder deren Bedeutung sie dann verleugnen. Sie sind Verpflichtungen eingegangen, deren Tragweite sie nicht abschätzten. In Zeiten, in denen sie dringend Geld benötigen, haben sie dann keine Mittel zu Verfügung.

Neben der neurotischen Verleugnung der Wichtigkeit des Geldes haben wir dann als weiteres neurotisches Verhaltensmuster die *unbedachte sofortige Wunscherfüllung.* Diese Patienten haben keine Möglichkeiten, die Erfüllung ihrer Wünsche etwas aufzuschieben oder zu vertagen. Ihre Tendenz zu sofortiger Wunscherfüllung ist aus neurotischen Gründen nicht mehr steuerbar: Es gibt die Hausfrau, die schon Mitte des Monats das gesamte Wirtschaftsgeld ausgegeben hat, weil sie momentanen Wünschen oder billigen Sonderangeboten nicht widerstehen konnte oder weil sie der Familie etwas besonders Schönes zur Freude bereiten wollte. Eine solche Patientin ist dann oft verzweifelt, weil sie für sich selbst keine großen Gelder ausgibt, aber trotzdem nie mit der verfügbaren Summe auskommt. Es gibt den alleinlebenden Junggesellen, der ein relativ hohes Einkommen hat, der aber immer von dem Gefühl erfüllt ist, daß er trotz sparsamer Lebensführung nie aus den Schulden herauskommt. Bei genauer Beobachtung stellt sich heraus, daß die Augenblicksausgaben für Lokalbesuche, Zigaretten, Einladungen, Reisen in der Summe doch relativ hoch sind, während die einzelnen Befriedigungen innerlich eher als gering empfunden werden.

Ein neurotisches Sparen am Pfennig mit der Tendenz, dann den

Tausendmarkschein leichtfertig wegzugeben, ist ein anderes neurotisches Verhaltensstereotyp. Hier allerdings möchte ich darauf hinweisen, daß besonders darauf zu achten wäre, ob neurotisch habituell gespart wird, oder ob der Betreffende nach der vernünftigen Erkenntnis handelt, daß das Sparen an kleinen Summen (besonders im Haushalt) von einer großen, wenn auch häufig übersehenen Bedeutung ist. Das gelegentliche Investieren eines großen Betrages in eine Wunscherfüllung bringt die vorhandene Vermögenslage meist nicht so schnell in Unordnung, wie das ständige Überziehen des verfügbaren Geldes durch kleine Summen. Tatsächlich gibt es wohl kaum einen größeren und auch erlösenderen Luxus, als wenn ein Mensch es nicht mehr nötig hat, auf die Geldausgabe bei kleinen Summen zu achten, die sich im allgemeinen rapide zu einer großen Summe anhäufen.

Das *neurotische Sparen* von *kleinen Summen* wird meistens dann erkennbar, wenn aus dem gesammelten Geld keine Freude mehr bezogen wird. Mehr noch, wenn der Betreffende nicht in der Lage ist, im geeigneten Augenblick in ein Projekt, das er plant, Geld zu *investieren.* Neurotische Verlustängste können hier sehr viel hindern und produktive Entwicklungen abbremsen, die sich zum Nachteil für den Patienten auswirken.

Die neurotische Unfähigkeit, in einem gegebenen Moment Geld in einen Plan zu investieren, ohne daß der sofortige Gewinn gesichert ist, ist ein Mangel, der allerdings nur bei solchen Persönlichkeiten auffällt, denen man insgesamt die Möglichkeit zu einem sehr vorausschauenden, weitgreifendem Lebensplan zuschreiben möchte. Denn ganz gewiß kann es normal sein, daß Menschen nur dann etwas tun, wenn sie unmittelbar die erhoffte Befriedigung oder Entlohnung erhalten. Es gibt aber auch Menschen, die aus neurotischen Gründen nichts tun, wofür nicht eine Bedürfnisbefriedigung in unmittelbarer Sicht ist. Wenn es sich hier um ein erstarrtes Verhaltensstereotyp bei einem Menschen handelt, dem ein expansiverer Lebensweg möglich wäre, dann ist diese Reaktionsform auch insofern sehr hinderlich, als sie sich im allgemeinen auf andere Lebensbereiche überträgt: Diese Menschen sind nicht in der Lage, für eine gewisse Zeit in einen Lernprozeß, in eine Berufstätigkeit, in ein Projekt Anstrengungen und Kräfte zu investieren, wenn sie nicht unmittelbar durch ein befriedigendes Resultat oder durch Geld belohnt werden. Um einen erklärenden Vergleich zu brauchen, könnte man sagen, saß ein solcher Patient dem passionierten Skifahrer ähnelt, der es aufgibt, Ski zu laufen, weil ein Sessellift fehlt und der Aufstieg bis zum Hang zu langwierig und zu beschwerlich erscheint.

Patienten mit neurotisch verleugnetem Ehrgeiz und verunsicherter Selbsteinschätzung hinsichtlich der eigenen Leistungsfähigkeit machen dann in der Regel aus der neurotischen Not eine ebenso neurotische Tugend: Sie geben vor, daß sie sich dem Leistungsdruck der Gesellschaft nicht beugen wollen, daß ihnen eine Führungsposition sowieso gleichgültig sei und daß sie zudem bescheiden zu leben wüßten. So unterlassen sie die Investition von Kraftanstrengung, Leistung oder auch Geld in ein Projekt, stecken ihren Lebensrahmen enger als es nötig wäre, und auch enger, als sie es selbst – im psychopathologischen Sinn – vertragen würden: Die neurotische Symptomatik bricht immer dann aus, wenn die Lebenskonstellationen eines Patienten ihm verdeutlicht, daß seine wichtigsten Pläne, Wünsche und Bedürfnisse unerfüllt bleiben, weil er selbst die zugehörigen vorbereitenden Schritte der Kraftinvestition nicht gegangen ist. Weil sein Spannungsbogen nicht gereicht hat.

Insgesamt muß man dabei abschließend zum Problem des Besitzerlebens und Besitzverhaltens doch wohl sagen, daß ein Mensch in vieler Hinsicht nicht nur von seinen familiären Vorerfahrungen geprägt wird, sondern daß auch kulturelle, zeittypische Strömungen direkt oder indirekt in schwer abzuschätzendem Ausmaß wirksam werden. Die „preussische Sparsamkeit" versus „Wegwerf- und Konsumgesellschaft" haben sich in den letzten Jahren in Deutschland in einer geschichtlich äußerst kurzen Zeitspanne abgelöst und der viel zitierte Generationenkonflikt hat sich auf dem Hintergrund dieser ökonomischen Veränderungen und den zugehörigen grundsätzlichen Werthaltungen auf eine schwer zu fassende Weise verschärft.

Von diesen umgebenden kulturellen Einflüssen soll im folgenden Kapitel die Rede sein.

V. Der umgebende sozio-kulturelle Raum

Jede Familie ist mit vielfältigen Fäden mit dem sozialen Raum verbunden in dem sie lebt. Sowohl in der Kindheit eines Patienten wie in seinem Erwachsenenalter spielen die Einflüsse, die von der umgebenden Gruppe ausgehen, eine große Rolle. Für das Verständnis eines Patienten ist es am günstigsten, wenn man zunächst herauszufinden sucht, wie er sich in seiner *gegenwärtigen Lebenssituation* mit den gegebenen kulturellen Bedingungen und den vorhandenen sozialen Subkulturen zurecht findet oder aktiv verknüpft. Danach kann man sich um das Verständnis der analogen Probleme bemühen, die die *Herkunftsfamilie* des Patienten und seine Kindheit geprägt haben.

Mit den jetzt folgenden Erörterungen halte ich mich an diese vorgeschlagene Gliederung:

Die Gegenwartssituation

Auf Seite 28 hatte ich bereits jene wichtigsten Lebensbereiche genannt, in denen wir bei einem Patienten die Quelle für neurotische, krankheitsauslösende Konflikte suchen müssen. In bezug auf die jetzt zur Debatte stehende Problematik hatte ich unter dem Stichwort „Gruppenzugehörigkeiten" ausgeführt, daß religiöse, politische, nationale oder künstlerische Gruppenzugehörigkeiten unsere Aufmerksamkeit auf sich ziehen sollten.

Natürlich ist es normal, wenn ein Mensch neben seiner familiären und seiner beruflichen Lebenswelt auch noch Kontakte und Tätigkeiten in anderen Gruppen sucht. Es ist auch normal, wenn ein Mensch Ärgernisse, die er privat oder im Beruf hat, dadurch ausgleicht, daß er wichtige Befriedigungen in solchen außerfamiliären oder außerberuflichen Tätigkeiten und Kontakten findet.

Auf die neurotischen Persönlichkeitselemente, die zu einer bestimmten Gruppenzugehörigkeit und Gruppenaktivität geführt haben, werden wir am ehesten dann aufmerksam, wenn sektiererisch-fanatisierte und elitäre Gefühle das affektive Klima jener Gruppe beherrscht, zu der der Patient gehört. Dabei kann es sich für einen Patienten, von dem wir hören, daß er einen wichtigen Teil seines Lebens (vielleicht den wichtigsten) in diesen Gruppen verbringt, um unterschiedliche Kompensationsmechanismen handeln: Sehr vereinsamte Menschen, die Schwierigkeiten haben, mit anderen Verbindung aufzunehmen, und die zugleich mit einer Mischung von Selbstentwertung und Größenphantasien leben, können in solchen Gruppen einfach nur ihr Einsamkeitsgefühl verlieren und sich durch die ähnliche Lebensorientierung verbunden fühlen. Sie können ebenso gut durch die Funktionen, die sie in dieser Gruppe übernehmen, ihre Selbsteinschätzung verbessern und das depressive Gefühl der Wert- und Nutzlosigkeit kompensieren. Schließlich können sie in sogenannten „Führungssituationen“ in einer solchen sektiererischen Randgruppe das eigene neurotische Geltungsstreben befriedigen. Sofern es sich um eine militante Gruppe handelt, werden die eigenen aggressiv-destruktiven Impulse auf dem Umweg über die Gruppenziele legalisiert.

Neurotische Konflikte ergeben sich aus solchen Gruppenzugehörigkeiten immer dann, wenn die kompensierende Beruhigung oder Befriedigung, die die Gruppe und die Stellung in dieser Gruppe einmal gebracht haben, nicht mehr trägt. Sei es, daß die Gruppe als solche zu isoliert ist und zu sehr mit den Normen der übrigen Gesellschaft in Konflikt steht. Sei es, daß innerhalb der Gruppe heftige Konflikte ausgetragen werden (ein häufiges Phänomen bei allen fanatisierten, sektiererischen Gruppen). Sei es, daß die besondere Position, die der Patient als Funktionsträger oder Führer einer solchen Gruppe hatte, ins Wanken gerät, so daß damit auch die gesamte Lebensbalance des Patienten erschüttert wird.

Die Variabilität möglicher Konstellationen ist hier sehr groß und es gehört zudem wohl zu den größten Schwierigkeiten für einen Therapeuten in diesen Bereichen die Grenze zwischen „normal“ und „neurotisch“ zu unterscheiden. Ich halte es auch nicht für sinnvoll, hier noch mit kasuistischen Beispielen ins Detail zu gehen. Es würden sehr ausführliche Darlegungen benötigt, um zu schildern, wie neurotische Ängste oder die Folgen von neurotischer Triebverdrängung rationalisiert und in eine neurotische Ideologie umgemünzt werden. Und da die Zuflucht zu einer künstlerischen Gruppe mit elitärem Anspruch bei durchschnittlichem Talent etwas gänzlich anderes ist, als der Eintritt in eine fanatisierte politische Minderheitengruppe, will ich hier die Zahl individueller Varianten nur andeuten, aber nicht versuchen, ausführlicher oder gar erschöpfend zu werden.

Wichtiger ist es, die analogen prägenden Einflüsse kennenzulernen, die ein Patient in seiner Herkunftsfamilie erlebte:

Der umgebende kulturelle Raum in der Kindheit des Patienten

Aus zeitgeschichtlichen Gründen werden wir bei der jetzigen Patientengeneration, die uns am häufigsten konsultiert (also die Patienten zwischen 20 und 40 Jahren) oft danach fragen müssen, ob die Patienten in einer Flüchtlings- oder Vertriebenenfamilie großgeworden sind. Der soziale Druck, der auf solchen Familien gelastet hat, kann sehr erheblich gewesen sein. Insbesondere in kleinen Orten ist die Einstellung gegen die zugezogenen Flüchtlinge mit ihren Kindern häufig sehr abweisend bis abwertend gewesen, und diese Familien mußten sich ihren Platz in der alteingesessenen Gruppe mühsam erkämpfen. Wie bewußt und reflektiert die Kinder diese Schwierigkeiten ihrer Eltern mitbekommen haben, ist dabei oft gar nicht so wichtig. Ängstigung, Wut, Mühsal und Not im Erleben der Eltern haben in jedem Fall ihre Auswirkungen auch auf die Kinder, die dann ihrerseits vielleicht auch noch Schwierigkeiten mit ihren Mitschülern in der Klasse oder der Freundesgruppe in der Wohngegend hatten.

Das Flüchtlings- und Vertriebenenproblem in der Eltern-Generation sollte abgegrenzt werden von den „Minderheitenproblemen", das sich bei Familien in *Grenzlandbereichen* ganz besonders stellt. In Deutschland mit seinen vielen Grenzen und Jahrhunderte währenden Gebietsverschiebungen an diesen Grenzen gab und gibt es unter den Familien dieser Grenzlandbereiche sehr viele spezifische Schwierigkeiten und Streitigkeiten. Dabei ist es von Bedeutung, ob sich eine ethnische Minderheit im Grenzlandbereich als die Elitegruppe gefühlt hat, oder ob ihr ein zweitklassiger Rang zugeschrieben wurde mit starker sozialer Benachteiligung. Ähnliches gilt von religiösen Minderheiten in jenen Gebieten, in denen verschiedene Konfessionen zu finden sind, deren Mitglieder in gegenseitiger Feindstimmung leben. Die Lebenssituation dieser Herkunftsfamilien führte dann entweder dazu, daß sie von einem kämpferisch-aggressiven Klima beherrscht blieben. Oder es entwickelte sich eine Atmosphäre von geduckt-ängstlichem Verhalten. Solche Eigentümlichkeiten des familiären Lebensstils werden von den Kindern natürlich zunächst übernommen. Es bleibt aber offen, ob sie ein Leben hindurch beibehalten werden, oder ob ein Mensch sie doch abstreifen möchte.

Schwieriger und auch bedeutungsvoller wird es schon, wenn diese schicksalsgegebenen, allgemein-nationalen oder religiösen

Zugehörigkeiten nicht den alleinigen Hintergrund der Familienatmosphäre ausmachten, sondern wenn sich die Eltern schon aus eigenem Entschluß heraus mit einer sektiererisch orientierten Gruppe verbunden haben. Die Kinder, die in solchen Familien geboren werden, haben in der Regel keine Wahl, als zunächst die Lebensorientierung der Eltern mitzumachen. Ob sie diesen Lebensstil dann beibehalten und das entsprechende neurotische Persönlichkeitsmuster weitertragen, hängt von sehr individuellen Faktoren ab. Sofern sich die Kinder aus einer solchen sektiererischen Lebensorientierung lösen wollen, haben sie fast immer schärfere und härtere innere Kämpfe und Konflikte zu bestehen als andere Menschen, bei denen die elterlichen Familien mit ihrer sozialen Gruppe zwar verbunden waren, aber nicht geeint in einem kämpferisch-fanatischen Affekt.

Wir können also Patienten finden, die gerade mit dieser konflikthaften Auseinandersetzung bei der Ablösung aus ihren Herkunftsfamilien zu tun haben. Diese Patienten brauchen oft eine sehr spezifische Hilfe: Wenn es die Ablösung von der Herkunftsfamilie notwendig macht, daß bestimmte sehr neurotische aggressiv-sektiererische Züge aufgegeben werden, dann liegt dies sicherlich sehr im Interesse des subjektiven Wohlbefindens des Patienten selbst. Andererseits hat er bei einer solchen Auseinandersetzung immer sehr tiefgehende *Verlusterlebnisse* zu verarbeiten. Niemand löst sich aus seiner Jugend und Kindheit in Distanzierung und Groll, ohne zugleich alle liebevollen, positiven und bindenden Erinnerungen aufzugeben. Ein solcher Prozeß ist schmerzhaft. Schmerzhaft vor allem auch deshalb, weil die im Augenblick vielleicht auf der bewußten Ebene bekämpften Wertnormen und Orientierungen der Eltern-Generation doch in aller Regel so weit assimiliert und „introjiziert“ worden sind, daß der betreffende Patient sie nicht ohne weiteres abstreifen kann. Wenn darüber hinaus noch die Ehe- oder sogar die Berufssituation an die neurotische Subkultur der Familie gebunden ist, dann stellen sich tatsächlich erhebliche Krisen ein und die Verlusterlebnisse mischen sich mit realer Angst und Trauer.

Es bleibt nun die Frage, wie häufig wir Patienten finden, bei denen der zentrale krankheitsauslösende Konflikt in der derzeitigen Gruppenzugehörigkeit liegt, oder in früheren Gruppenzugehörigkeiten der Herkunftsfamilie wurzelt. Wir haben darüber wenig genaues klinisches Wissen. Wir wissen nicht einmal, ob nicht bestimmte Gruppenzugehörigkeiten sogar die Suche einer psychotherapeutischen Hilfe ausdrücklich behindern. Wenn man im Umgang mit einem Patienten zu verstehen meint, daß seine zentrale Problematik mit einer irgendwie gearteten Gruppenzugehörigkeit verknüpft ist, empfiehlt sich im Gespräch im allgemeinen die allergrößte Vorsicht. Es ist für jeden Menschen leichter, seine Familienkonflikte oder auch seine beruflichen Schwierigkeiten zu reflektieren und zu erzählen, als ein Gespräch damit zu beginnen, daß die ihm zur Zeit so wichtige Gruppe möglicherweise zum kompensatorischen Element für seine neurotischen Schwierigkeiten geworden ist. Zu welchem Zeitpunkt des anamnestischen Gespräches auch immer sich bei dem Therapeuten die Vermutung regt, der Patient könnte seinen wichtigsten auslösenden Konflikt in der außerfamiliären Gruppe haben, zu der er gehört, es empfiehlt sich hier die größte Vorsicht: Die Gruppenzugehörigkeiten sind ja fast immer auch mit Normen und Werten verknüpft, und die Patienten ziehen sich in aller Regel rasch zurück, wenn diese besonderen Normen und Werte vom Therapeuten in Frage gestellt werden.

Allerdings ist das Verständnis eines menschlichen Lebenslaufes auch nie ganz vollständig, wenn man nicht erkundet hat, ob sich ein wichtiger Teil seines Lebens – sei es produktiv oder neurotisch behindert – in Gruppenzugehörigkeiten abspielt, die über den familiären und beruflichen Kreis hinausgehen.

E. Die Anordnung und Interpretation der Befunde

Wir sind nun nach dem Abschluß des letzten Kapitels mit der geplanten Darstellung der verschiedensten menschlichen Lebensbereiche und ihrer neurotischen Krisenpunkte am Ende. Ich habe mit meinen bisherigen Ausführungen versucht, jene neurotischen Problembereiche zu beschreiben, die wir in unterschiedlichen Konfliktkonstellationen bei unseren Patienten vorfinden und die wir zu bearbeiten haben. Ich wollte zugleich mit Hilfe illustrierender Kasuistik ein möglichst reichhaltiges Spektrum an neurotischen Reaktionsweisen anbieten, die bei den auslösenden Belastungssituationen sichtbar werden. Es bleibt jetzt noch die Frage übrig, wie wir unsere gesammelten Beobachtungen und Befunde so ordnen können, daß sich die Krankheitszeichen des Patienten mit seiner inneren und äußeren Lebensgeschichte verständlich verknüpfen lassen.

Franz Alexander hat in dem 10-Jahres-Bericht der ersten psychoanalytischen Poliklinik in Berlin gesagt, daß eine psychoanalytische Krankengeschichte, *„die das empirische Substrat der psychoanalytischen Wissenschaft darstellt, noch am ehesten mit einer guten Biographie zu vergleichen sei. Allerdings mit einer Biographie in mikroskopischer Vergrößerung“*. Um eine solche Biographie unter „mikroskopischen“ Aspekten haben wir uns ja in den bisherigen Kapiteln bemüht und eine solche Biographie ist in der Regel ausführlich.

Die eingangs von mir erwähnte Arbeitsrichtung, die unter Balints Leitung versuchte, die sogenannte „herkömmliche Diagnose“ von der „Gesamtdiagnose“ abzutrennen, hatte ein anderes Ziel: Sie wollte die gesamte Lebensgeschichte eines Patienten und seine zugehörige Krankheitssituation so auf eine Kurzformel bringen, daß die Beschwerden des Kranken, seine Innenbefindlichkeiten und die wichtigsten Daten seiner Lebensgeschichte mit den Merkmalen der Arzt-Patienten-Beziehung in Verbindung gebracht werden.

Allerdings wird wohl niemand daran zweifeln, daß die Fähigkeit eines Arztes, die Krankheitsgeschichte seines Patienten auf eine solche Kurzformel zu bringen, in der Regel erst am *Ende* langjähriger Übung und Erfahrung steht. Sie setzt eine Kunstfertigkeit voraus, die nur durch gründliche Schulung erworben wird. Ein junger Arzt, der seine innere Auseinandersetzung mit den lebensgeschichtlichen Problemen und den neurotischen Konflikten seiner Patienten erst beginnt, wird die größten Schwierigkeiten haben, seine Befunde so zu sichten und zu ordnen, daß sie in einem Fünf-Zeilen-Bericht ihren Niederschlag finden. Für den Anfang ist es sicherlich einfacher, wenn man eine ausführliche Krankengeschichte anlegt, die auch den eigenen Überblick erleichtert. In allen klinischen Einrichtungen, die eine tiefenpsychologisch orientierte Anamnese schon deshalb benötigen, weil sie den Anfangszustand der Kranken mit späteren Veränderungen vergleichen wollen, ist es jedenfalls notwendig, den Bericht umfassend zu gestalten.

Nach meinen Erfahrungen ist es aber keine leichte Aufgabe, die formal wichtigen Daten einerseits und die subjektiv verstandenen Zusammenhänge andererseits so übersichtlich anzuordnen, daß auch der spätere Leser in der Lage ist, die erhobenen Befunde von den zugehörigen Interpretationen abzugrenzen. Zudem ist es für den Anfänger immer recht schwierig, die gesammelten biographischen Fakten in ihrer neurosenpsychologischen Bedeutung zu verstehen und schriftlich in das richtige Licht zu setzen.

Nachstehend gebe ich einige Empfehlungen, die für das Sichten, Ordnen und Niederlegen der lebensgeschichtlich wichtigen Daten hilfreich sind und die es erlauben, den Zusammenhang dieser Fakten mit den primären neurotischen Beeinträchtigungen und ihren sekundären lebensgeschichtlichen Folgen sichtbar zu machen.

Folgende Angaben sollten einigermaßen deutlich von einander abgehoben werden:

- Angaben über den allgemeinen Eindruck des Patienten
- Die Symptomatik
- Die auslösende Situation
- Die aktuellen Lebensumstände
- Die Kindheitsgeschichte
- Die Schul- und Berufsentwicklung
- Persönliche Bindungen, Liebesbeziehungen, Sexualentwicklung
- Die gegenwärtigen Familienbeziehungen
- Zusammenfassung

Für den Inhalt und die Gestaltung der einzelnen Abschnitte möchte ich folgende Orientierungspunkte angeben:

- Hinsichtlich der einführenden Mitteilungen über Alter, Geschlecht, Beruf und den *allgemeinen Eindruck*, den der Patient macht, sollte man sich darüber im klaren sein, daß die eigenen persönlichen Reaktionsweisen mit ins Spiel kommen und daß man sich nicht scheuen sollte, diesen persönlichen Reaktionen Ausdruck zu verleihen. Man wird versuchen, das Beziehungsangebot, daß der Patient macht, zu verstehen, und man sollte auch die spürbar werdenden bevorzugten Abwehrmechanismen des Patienten beschreiben. Dazu würde etwa die Darstellung gehören, ob nach dem ersten Eindruck bei dem Patienten eher ein „Verleugnen" oder „Rationalisieren" im Vordergrund steht. Ob sich eine Tendenz zum „Externalisieren" beobachten läßt, oder ob „regressive" Bedürfnisse anklingen. Man wird auch vermerken, ob ein Patient vielleicht in der Auseinandersetzung mit Menschen eher auf Distanz geht, ob er dranghaft agiert und reagiert oder ob er innerlich gesteuert abwägen kann.
- Hinsichtlich der *Krankheitssymptomatik* ist es zweckmäßig, daß man die spontan berichteten Symptome von den erfragten trennt. Zugleich sollte man ein Bild über die *Dauer* der Symptomatik und ihre *Verlaufsform* erarbeiten (akut aufgetreten, schleichend, chronisch verschlechtert, intermittierend, sehr deutlicher Symptomwechsel etc.).
- Sofern die Krankheit akut aufgetreten ist oder eine zeitlich abgrenzbare Verschlechterung festgestellt werden kann, wäre die *auslösende Situation* darzustellen, falls sie ermittelt werden kann. Hier sollte es nach meiner Ansicht dem Untersucher überlassen bleiben, ob er zunächst nur eine *zeitliche Zuordnung* von Krankheitsgeschehen und Lebensveränderungen oder Konflikten vornehmen will. Manchmal ist es leichter (und auch richtiger), die neurosenpsychologische Bedeutung einer auslösenden Situation erst *nach* der Schilderung der übrigen lebensgeschichtlichen Daten zu versuchen. Die pathogene Bedeutung von Familienkonflikten oder beruflichen Belastungen läßt sich in der Regel am besten verstehen, wenn man schon die Informationen über die zugehörigen biographischen Daten hat.
- Ein kurzer Abschnitt sollte dann in jedem Fall den *aktuellen Lebensumständen* gewidmet sein: Hier wäre anzuführen, mit wem der Patient zur Zeit lebt (noch mit Eltern, mit Partnerin oder Partner, verheiratet, mit Kindern, ohne Kinder etc.), wie seine beruflichen Arbeitsumstände aussehen, wo und wie er wohnt und wie sein Haushalt finanziert wird (Patient selbst, Partner, Eltern, Mitverdienende, schon erwachsene Kinder etc.).

Auch in diesem Abschnitt kann man sich mit einer formalen Beschreibung der vorliegenden Daten begnügen und sollte noch nicht versuchen, die neurosenpsychologische Bedeutung bestimmter Lebensumstände zu beschreiben.

- In bezug auf die *Kindheitsgeschichte* eines Patienten wird man sich darum bemühen, die Familiendynamik so umfangreich wie möglich darzustellen, die das Leben des Patienten in seinen jungen Jahren gekennzeichnet hat. Insbesondere sollte man festhalten, mit welchen erwachsenen Personen die Patientin oder der Patient großgeworden ist, wie wichtig diese Menschen waren und wie sie zueinander standen. In diesem Zusammenhang ist es auch von Bedeutung, wer den Patienten betreut und versorgt hat, wie seine Stellung in der Geschwisterreihe war und wie – so weit erinnerlich – die Wohnverhältnisse und die finanzielle Situation ausgesehen haben

Sowohl über die *Mutter* wie über den *Vater* sollten die wichtigsten Daten festgehalten werden, die deren eigene Lebensgeschichte betreffen, also ihre Herkunft, Personenverluste, Gesundheit, Beruf und Alter bei der Geburt des Patienten. Es wäre auch aufschlußreich, wenn man die Erinnerungen des Patienten an die Familienatmosphäre erfassen könnte. Also etwa, ob der Patient sie als sehr bedrückend, konflikthaft oder streiterfüllt erlebt hat oder ob seine Erinnerung positiv getönt ist. Besonders bedeutungsvoll sind alle Informationen, die man über die Beziehung der Eltern zu *deren eigenen Eltern* erhalten kann und darüber, wie das Lebensgefühl der Eltern in der Erinnerung des Patienten gefärbt war. Selbstverständlich gehören in diesen Abschnitt auch die besonderen (ödipalen) Beziehungskonstellationen, die die Stellung des Patienten in seiner Familie ausmachten.

- Anschließend an die Informationen über die frühe Kindheitssituation wären die Daten zur *Schul-* und *Berufsentwicklung* des Patienten niederzulegen. In diesen Abschnitt gehören Angaben zum Schulabschluß, zur Berufswahl, zum Berufswechsel und dem schließlich erreichten Berufsziel. Zugleich wird dann auch schon wichtig, die *neurotischen Reaktionsmuster* (Arbeitsschwierigkeiten) und die neurotischen Konflikte in bezug auf Schul- und Leistungsentwicklung zu verzeichnen. Hier helfen alle Angaben weiter, die die gefühlshaften Erinnerungen des Patienten an seine Schulzeit und Berufsausbildung betreffen (immer guter Schüler, immer Versager; knapp mitgekommen, gern zur Schule gegangen, immer unlustig, klares Bufsziel, keine Zukunftsvorstellungen etc.). Man sollte auch versuchen, den Stellenwert zu verstehen, den die berufliche Leistungsfähigkeit für den Patienten hatte oder hat. Eine besondere Frage wäre in diesem Zusummenhang, ob seine derzeitige berufliche Leistungsfähigkeit mit seinen eigenen Wünschen und Zielen übereinstimmt und gegebenenfalls den Vergleich mit den Geschwistern aushält.
- Im Anschluß an die Schilderung der Schul- und Berufsentwicklung treten dann die *persönlichen Bindungen* des Patienten, seine Liebesbeziehungen und seine sexuelle Entwicklung in den Vordergrund. In diesem Zusammenhang erhalten alle jene Erlebnisweisen ihre Bedeutung, die seine Kontaktfähigkeit charakterisieren und die etwas über die (neurotische) Eigenart seiner Liebesbeziehungen aussagen.

Sofern sich offenkundige Wiederholungsarrangements und deutliche Übertragungskonstellationen im Leben des Patienten beobachten lassen, wäre ihre Beschreibung hier am Platze. Ebenso auch Hinweise auf die Selbsteinschätzung des Patienten hinsichtlich seiner Wirkung und Anziehungskraft auf das andere Geschlecht. Aus diesen Beobachtungen lassen sich dann jedenfalls Zusammenhänge ableiten, die die neurosenpsychologische Bedeutung einer auslösenden Situation beleuchten würden, sofern sie im Liebes- und Bindungsbereich gelegen haben.

- Hinsichtlich der *gegenwärtigen Familienbeziehungen* wäre jetzt die allgemeine Darstellung der aktuellen Lebensumstände in neurosenpsychologischer Hinsicht zu *ergänzen*. Die neurotischen Eigentümlichkeiten in der Beziehung zum Ehemann oder zur Ehefrau wären zu beschreiben, die Gefühlsbeziehungen zu den eigenen Kindern und die – wenn vorhanden – neurotischen Abhängigkeiten und Bindungen zur Herkunftsfamilie, insbesondere zu Eltern und Geschwistern.
- Wenn man sich nach all diesen Informationen, die man in ein oder zwei Gesprächen sammeln konnte, daran machen will, eine *Zusammenfassung* über die vorliegenden Daten abzufassen, dann steht man vor einer Abstraktionsleistung, die nicht jedem leicht fällt. Entweder ist man in Gefahr, den Inhalt der gesamten Anamnese zu wiederholen, oder man hat Schwierigiten, sich für eine Rangordnung des Wichtigen zu entscheiden. In gewisser Weise würde eine solche Zusammenfassung jener „Gesamtdiagnose" entsprechen, die BALINT an die Stelle der „herkömmlichen Diagnose" gesetzt sehen wollte. Man würde dann die Krankheitsentwicklung des Patienten, seine Innenbefindlichkeiten und seine lebensgeschichtliche Entwicklung auf eine Kurzformel bringen.

  Es empfiehlt sich aber auch in diesem Zusammenhang – sofern möglich – eine psychodynamische Hypothese zum Hintergrund des Krankheitsgeschehens aufzustellen und Prognose und Therapieplan daraus abzuleiten.

Nun bin ich allerdings davon überzeugt, daß jeder Therapeut seinen eigenen persönlichen Stil finden muß, wenn er seine Befunde für den Eigengebrauch ordnen möchte, oder wenn er im Rahmen einer klinischen Einrichtung die gesammelten Informationen auch für andere Kollegen übersichtlich festhalten will. Eine gültige Anweisung für die beste Form, in der man neurosenpsychologisch orientierte Krankengeschichten abfaßt, gibt es nach meiner Ansicht nicht. Ich möchte meinen Lesern aber jetzt zum Abschluß doch noch eine weitere Hilfestellung für die Gestaltung einer Anamnese mit auf den Weg geben, indem ich eine Krankengeschichte zusammenstelle, in der die biographischen Daten nach der von mir soeben empfohlenen Gliederung geordnet sind:

Anamnese

Die 34jährige Patientin kommt auf Empfehlung ihrer behandelnden Ärztin und des Konsiliararztes aus dem Krankenhaus, in dem sie 14 Tage lang stationär beobachtet und behandelt worden ist.

Sie trägt das schöne blonde Haar gepflegt in Wellen schulterlang. Ohne eigentlich hübsch zu sein, wirkt sie durch die zarte Haut und den aufmerksam-sensiblen Gesichtsausdruck ansprechend. Allerdings vermittelt einem schon der erste Eindruck das Gefühl, als ob die Patientin gewissermaßen zwei Identitäten besitzt: Im Gegensatz zu dem sehr gepflegten Haar ist die Kleidung salopp bis „gammelig" mit abgeschabten Jeans, einer fleckig-unsauberen, wattierten Jacke, die ehemals rosa war, dazu derbe leinene Schnürschuh. In ihrer Kontaktaufnahme wirkt die Patientin einerseits entfernt, abwartend-distanziert, andererseits doch zugewandt.

Zur Symptomatik: Die Patientin ist relativ akut mit unklaren Oberbauchbeschwerden, Übelkeit und Erbrechen erkrankt. Kurzfristig hatte sie Durchfälle mit Blutbeimengungen. Im Augenblick ist diese Symptomatik wieder abgeklungen. Man hat der Patientin gesagt, daß es sich bei ihr um ein psychosomatisches Krankheitsbild handele und hat sie danach an die psychoanalytische Poliklinik überwiesen.

Auf Befragen gibt die Patientin noch an, daß sie seit etwa drei bis vier Jahren intermittierend an sehr lästigen Kopfschmerzen litte, gegen die sie gelegentlich frei verkäufliche Tabletten nähme.

Zur auslösenden Situation: Das Auftreten der Magen-Darm-Beschwerden fällt zeitlich mit einer recht einschneidenden Lebensveränderung zusammen: Die Patientin hat vor einem Jahr unehelich ein kleines Mädchen bekommen. Der Vater des Kindes ist ein unsteter Mann, der zehn Jahre älter als die Patientin ist. Die Beziehung zu diesem Freund bestand etwa drei Jahre (Beginn der Kopfschmerzen), war sehr konfliktträchtig und die anfänglich geplante Ehe kam nicht zustande. Obgleich die Patientin mit übergroßer Wahrscheinlichkeit vermutet, daß dieser Freund der Vater ihres Kindes ist, kann sie doch nicht vollständig sicher sein: Sie hatte in der fraglichen Zeit noch mit anderen Männern Verkehr und mußte sich entschließen, beim Standesamt anzugeben, daß der Vater unbekannt sei. Die Patientin hat diese Angabe auch mit einer gewissen Haltung von „sozialem Trotz" gemacht, weil sie meinte, sie würde auch alleine in der Lage sein, ihr Kind großzuziehen und brauchte die Zahlungen des Vaters nicht. Die Patientin meint auch jetzt noch, daß sie mit ihren finanziellen Mitteln gut zurecht kommen würde. Sie hat DM 5.000,– gespart. Andererseits ist sie offenbar doch in sehr großen verleugneten Schwierigkeiten: Sie hat kurz vor Ausbruch der Symptomatik erfahren, daß die Zahl der Unterrichtsstunden, die sie an verschiedenen Schulen unterrichtet, (die Patientin ist Lehrerin) um insgesamt ein Drittel gekürzt worden ist.

Die neurosenpsychologische Bedeutung dieser Lebensfakten soll erst am Ende der Krankengeschichte diskutiert werden.

Aktuelle Lebensumstände: Die Patientin ist Lehrerin mit dem Referendarexamen ohne Staatsexamen. Sie unterrichtet Englisch an zwei Volkshochschulen und an einer privaten Schule und hat noch einzelne Privatschüler. Insgesamt verdient sie DM 1.500,– netto und muß damit rechnen, daß ihre Einkünfte um ca. DM 300,– zurückgehen werden. Sie lebt in einer Zweizimmerwohnung mit DM 400,– Miete. Da sie für das Kind keinen Krippenplatz bekam, hat sie eine Bekannte gefunden, die bereit ist, gegen Entgelt die Versorgung des kleinen Mädchens zu übernehmen, wenn die Patientin unterrichtet. Es handelt sich angeblich um eine dreißigjährige, geschiedene Frau mit kleinem Vermögen, die von den Eltern unterstützt wird. Diese Frau ist für die Patientin im Augenblick die nächste und wichtigste Beziehungsperson. Im übrigen gehört die Patientin – wenn auch mit innerer Distanz – zu jener Subkultur, in der sich vorwiegend Pädagogen, Psychologen und Sozialarbeiter zusammengefunden haben, die einer ideologisch gefärbten Gesellschaftskritik anhängen.

Zu dem 72jährigen Vater (Lehrer) hat die Patientin eine konstante, aber innerlich entfernte Beziehung. Der Vater ruft die Patientin regelmäßig an. Sie selbst wendet sich nicht an ihn. Eine ein Jahr ältere Schwester ist in Australien mit einem Arzt verheiratet und hat zwei Kinder. In kritischen Situationen würde die Patientin sich an ihren fünfzehn Jahre älteren geschiedenen Ehemann wenden, der eine feste Anstellung im öffentlichen Dienst hat.

Zur Kindheits- und weiteren Lebensentwicklung der Patientin: Die Patientin ist in einem kleinen Dorf als Tochter des Schul- und Religionslehrers aufgewachsen und lebte mit ihrer ein Jahr älteren Schwester, den Eltern und einer Schwester der Mutter in der dreizimmrigen Dienstwohnung, die zur Schule gehörte (Vater 39, Mutter 19 Jahre, Tante 32 Jahre bei der Eheschließung).

Die Patientin bezeichnet im Rückblick ihre eigene Schwester als den wichtigsten Menschen, den sie in ihrem Leben je gehabt hat. Sie habe sehr an der Schwester gehangen, während die Schwester diese Zuneigung nicht erwidert hätte. Die Beziehung zu beiden Eltern und der Tante bleibt sehr blaß. Die Patientin erinnert sich zwar an die formalen Daten und kann auch über die vorhandenen Konflikte berichten. Sie bleibt aber bei dieser Erzählung eigentümlich unbewegt und begründet das damit, daß sie ja schon mit zwölf Jahren zusammen mit der Schwester zu einer befreundeten Pfarrersfamilie in eine nahegelegene Kleinstadt gegeben wurde, damit sie aufs Gymnasium gehen konnte.

Der *Vater* der Patientin war auch in ihrer Kindheit ein stiller und verschlossener Mann, der erst mit 39 Jahren die 20 Jahre jüngere Mutter der Patientin heiratete. Er hat selbst seinen Vater (Pfarrer) mit drei Jahren verloren und seine Mutter dann mit 16 Jahren. Als Vollwaise kam er in ein evangelisches Internat, studierte und wurde Lehrer (u. a. Religionslehrer) an seinem Geburtsort, in dem die Patientin dann auch zur Welt kam. Die Patientin erzählt, daß der Vater in seinem Dorf als „sittenstrenger" Mann sehr verehrt wurde und der Schwarm aller jungen Schülerinnen war. Insofern ist die Ehe der *Mutter* auch unter einem besonderen Vorzeichen zustande gekommen: Die ältere Schwester der Mutter ist vom Vater der Patientin langjährig unterrichtet worden und hatte diesen Mann als ihren „großen Schwarm". Sie soll es nie verwunden haben, daß dieser Mann ihre jüngere Schwester geheiratet hat. Die Patientin meint, daß die Ehe ihrer Eltern nicht glücklich gewesen sei. Der Altersunterschied sei zu groß gewesen. Zudem habe es Konflikte mit der unverheirateten älteren Schwester der Mutter gegeben, die mit im Haushalt lebte und deren Neigung zum Vater der Patientin nie erloschen war. Diese Konflikte seien aber nie offen ausgetragen worden.

Die Mutter habe eine Weile versucht, ihre Wünsche nach Geselligkeit und Abwechslung dadurch zu befriedigen, daß sie einen Kinderchor leitete und sich auch als Kindergärtnerin betätigte. Schwierigkeiten gab es wohl auch wegen der knappen finanziellen Lage der Eltern. Hier hat die Patientin aber eher den Eindruck, daß sich ihre ältere Schwester den Eltern gegenüber sehr fordernd geben konnte. Die Patientin selbst will ihre Eltern in dieser Hinsicht nie bedrängt haben, sondern verständig gewesen sein, sehr sparsam und ohne Forderungen.

Andererseits habe sie sich in ihrer Erinnerung schließlich zu Hause eigentlich auch nie so recht wohlgefühlt. Die Patientin kann sich an ihr Schuldbewußtsein erinnern, das sie spürte, als sie in ihren Gymnasial-Schuljahren feststellte, wie ungern sie zu den Wochenenden oder in den Ferien nach Hause fuhr und wie wenig Verbindung sie zu der Mutter, der Tante und dem Vater hatte.

Es fällt sehr auf, daß die Patientin fast unbewegt davon erzählt, daß die Tante mit 52 Jahren an einem Karzinom gestorben ist und daß die Mutter ein Jahr später 40jährig Suizid beging (!). Zu diesem Zeitpunkt war die Patientin Studentin in München und konnte sich nicht entschließen, nach dem Tod der Mutter nach Hause zu fahren.

Die Patientin hat auch mit ihrer Schwester niemals über den Selbstmord der Mutter gesprochen und erklärt das damit, daß sie in den kurzen Stunden, die sie sich im Verlauf der Jahre überhaupt sehen konnten, wichtigeres zu erzählen hatten (!).

Zur Schul- und Berufsentwicklung: Die Patientin besuchte mit ihrer Schwester zunächst die Dorfschule und hat an diese Schulzeit so gut wie keine Erinnerung. Als sie zwölfjährig zu der befreundeten Pfarrersfamilie gegeben wurde, um mit der Schwester gemeinsam auf die höhere Schule zu gehen, will die Patientin sehr unglücklich gewesen sein. Sie betont aber, daß sie nur ungern auf das Gymnasium gegangen sei und daß sie die pädagogischen Grundsätze, die dort das Schulleben beherrscht hatten, sehr abgelehnt habe. Wirklich rebelliert hätte sie jedoch nie. Ihre Schwester sei bereits mit der Mittleren Reife abgegangen, weil ihr die Schule ebenfalls so zuwider war. Mehr aber wohl noch, weil sie auch mit der Pflegefamilie nicht zurecht kam. Die Patientin machte ein knappes Abitur und studierte danach Englisch und Germanistik. Dies aber im wesentlichen, weil sie im Grunde keine andere Zielvorstellung hatte. Sie hat nie Lehrerin werden wollen, wußte überhaupt nicht recht, was sie anfangen sollte. Sie war aber fleißig genug, um ihr Referendarexamen abzuschließen.

In der Rückerinnerung meint die Patientin, daß sie in Anbetracht ihrer Ratlosigkeit über den zukünftigen Lebensweg ihren 15 Jahre älteren Ehemann heiratete, der für den Deutschen Entwicklungsdienst tätig war und mit dem sie dann später für mehrere Jahre nach Afrika ging. (Kommentar der Patientin: „Das war furchtbar".)

Die Patientin meint heute, daß sie von der religiös gefärbten, fast sektiererischen Atmosphäre ihres Elternhauses zwar innerlich sehr viel mitbekommen habe und daß sie die damals gelernten Wertmaßstäbe auch heute noch für richtig hielte. Andererseits habe sie dann doch schon in der Pubertät und in ihren jungen Studentenjahren rebelliert und versucht, sich in der Studentengruppe, in der sie sich befand, eine expansive Lebensform aufzubauen. Wie so häufig, ist sie offenbar aus einer weltanschaulichen Bindung mit sektiererischen Zügen in eine andere geraten.

Liebesbeziehungen, Partnerschaften, Ehe: Die Patientin weiß, daß ihre Schwester verhältnismäßig früh mit Liebschaften begonnen hat und daß sie dies als einen „Verrat" der Schwester an sich selbst empfand. Mit einem um Verständnis werbenden Ausdruck meint die Patientin dann, daß ihr wohl nichts anderes übrig geblieben sei, als es der Schwester nachzumachen. Sie hatte zunächst mit einem Mitschüler eine erste sexuelle Beziehung, fühlte sich aber abgestoßen und zog sich zunächst von Jungenfreundschaften wieder zurück. Daß sie dann ein Jahr nach der Hochzeit ihrer Schwester heiratete, wird heute von der Patientin selbst ebenfalls als ein Versuch verstanden, es der Schwester gleichzutun. Sie weiß auch von der Vaterübertragung, die sie bewog, den 15 Jahre älteren Mann zu heiraten. Die Identifikation mit der Schwester (bei sehr loser Bindung an die Eltern und die Tante) setzte sich zudem auch insofern durch, als die Schwester, die medizinisch-technische Assistentin geworden war, einen Arzt heiratete, der nach Australien auswanderte. Die Patientin tat es ihrer Schwester gleich, als sie mit ihrem Mann nach Afrika ging. Die Lebensform der Patientin *unterschied* sich von der der Schwester aber insofern sehr tiefgehend, als sie selbst ein dienendes und opferbereites Leben führte, während die Schwester (ihren frühen anspruchsvollen Wünschen analog) in eine wohlhabende gesellschaftliche Schicht einheiratete und in den Augen der Patientin mit dem Ehemann gemeinsam und zwei Kindern ein „großes Haus" führte.

Die sexuelle Beziehung der Patientin zu ihrem geschiedenen Ehemann war immer sehr unbefriedigend. Die Patientin empfand Ekel und Abwehr, und die Ehe mag aus diesen Gründen auseinandergegangen sein. Die Patientin berichtet dabei, daß sie später – zwar immer mit wesentlich jüngeren Männern – durchaus befriedigende sexuelle Beziehungen gehabt hat.

Weitere Lebensentwicklung: Aus Afrika zurückgekehrt und geschieden, konnte die Patientin sich nicht entschließen, ihr Staatsexamen als Lehrerin nachzumachen. Die Patientin begründet diesen vermeintlich bewußt getroffenen Entschluß mit ihrer Abneigung gegen den Schuldienst und mit ihrer Kritik an den pädagogischen Leitlinien, an die sie sich anzupassen hätte, wenn sie in einer Schulklasse unterrichten sollte. Es wird aber deutlich, daß die Patientin doch offenbar schon in ihrer Kindheitsentwicklung gewisse *Schädigungen* im *Lernvollzug* erlitten hat. Konstantes Arbeiten fällt ihr schwer und sie greift jetzt beruflich im wesentlichen auf ihre im Ausland erworbenen Englischkenntnisse zurück. Sie sagt aber selbstkritisch, daß sie sich nicht in der Lage sähe, den Wissensstoff zu erarbeiten, den sie brauchte, wenn sie noch in einem weiteren Fach (Deutsch oder Geschichte) an einer höheren Schule unterrichten wollte.

Die Patientin meint, daß sie am liebsten den benachteiligten Ausländern an einem Goethe-Institut Sprachunterricht geben würde, und hofft auch, eine entsprechende Anstellung zu finden.

Die Beziehung zu dem Kind: Bei dem Gespräch über das einjährige Töchterchen der Patientin fällt erneut die eigentümliche Mischung von differenzierter Reaktionsweise und gefühlsmäßiger „Ferne“ auf. Die Patientin meint zunächst, daß sie eigentlich recht gut ohne Kind hätte leben können. Sie hat dann aber keine Verhütungsmittel benutzt und als sie schließlich schwanger war, dachte sie, daß das Kind ebensogut kommen könnte (eigene, nüchtern wirkende Formulierung der Patientin). Es wird spürbar, daß hinter der nüchternen und unbeteiligten Wortwahl der Patientin doch viel innere Bewegtheit vorhanden ist, wenngleich nicht eigentlich Wärme. Die Patientin meint, daß sie in der Lage wäre, das Kind gemeinsam mit ihrer Freundin großzuziehen und daß sie hofft, daß das Kind später einmal „nicht so große Ansprüche stellen würde“.

Zusammenfassung: Bei der 34jährigen Patientin (Lehrerin) besteht relativ akut eine Magen-Darm-Symptomatik und seit ca. 3 Jahren sind intermittierend Kopfschmerzen aufgetreten.

Die auslösende Situation ist vermutlich in einer Belastung der sowieso komplizierten Beziehungsstruktur der Patientin zu sehen, die mit einer befreundeten Frau gemeinsam ihre uneheliche kleine Tochter großziehen will. Die Bindung der Patientin an diese Freundin ist (in Schwesterübertragung) eng und entfernt zugleich, ebenso wie die Beziehung zu ihrem Töchterchen gleichzeitig nah und distanziert wirkt. In einem Wiederholungsarrangement zur

Lebenssituation der Mutter versucht die Patientin, mit einer schwesterlich verbundenen Frau ihr Kind großzuziehen. Seit kurzem ist sie aber nicht mehr in der Lage, der Freundin ihre Dienstleistungen für die Betreuung der kleinen Tochter zu bezahlen. Diese Situation bringt die Patientin mit ihrer inneren Identität unf der Vorstellung von sich selbst als helfender, bescheidener und dienender junger Frau (ihre „innere Formel") in Konflikt. Ihre oralen Wünsche an die Freundin setzen sich zwar auf einem Umweg durch, labilisieren die Beziehung aber sehr. Dies um so mehr als die Bindung der beiden Frauen nicht unbedingt auf Zuneigung, Verläßlichkeit und Gefühlsaustausch aufgebaut ist. Bei den vielen unvermuteten Kontaktabrissen, die die Patientin in ihrer Lebensgeschichte schon zu verarbeiten hatte, ist zu befürchten, daß auch die Beziehung zu dieser Frau, die durch eine nur vage Verbundenheit gekennzeichnet ist, wieder verloren geht.

Die Patientin hat ihre wichtigsten neurotischen Reaktionsweisen als Lehrerstochter in einer sehr religiös gebundenen Atmosphäre erworben und sowohl vom Vater (der früh Vollwaise wurde) wie von den Großeltern mütterlicherseits eine moralische Wertwelt mitbekommen, die auf Ernsthaftigkeit der Lebensführung, Bescheidenheit und Dienst an anderen ausgerichtet war. In der frühen Kindheit der Patientin muß man eine brisant konflikthafte Konstellation vermuten, die mit dem Suizid der Mutter endete. Offenbar ist keiner dieser Familienkonflikte aus der Herkunftsfamilie der Patientin je wirklich angesprochen worden und das Resultat ist der sehr distante Beziehungsstil, der ja bei der Patientin spürbar wird. In ihrer Herkunftsfamilie war es offenbar charakteristisch, daß man zueinander gehörte, aber kaum miteinander in Verbindung trat.

Der distante Beziehungsstil, der die Patientin jetzt charakterisiert, und ihre im eigenen Selbstverständnis erlebte dienende Bescheidenheitshaltung sind mit dringenden Bindungswünschen gepaart und zugleich den oral-fordernden Tendenzen, die sich nur auf einem Umweg und durch ein bestimmtes Lebensarrangement durchsetzen lassen.

Bei der *therapeutischen Planung* für die Patientin muß offenbleiben, ob ihr Nähe-Distanzverhalten ihr überhaupt erlaubt, eine Therapie zu beginnen. Die Intensität ihrer Motivation wäre in einigen einleitenden Gesprächen zu klären. Sofern die Patientin in der Beziehung zum Therapeuten Wurzeln schlägt, wären die Heilungschancen für sie nicht schlecht.

F. Nachwort

Mit diesem anamnesischen Bericht über eine individuelle Krankengeschichte und den kurzen Erläuterungen über den für diese Patientin denkbaren Therapieplan sind meine Ausführungen in dem hier vorgelegten Buch beendet. Ich möchte zum Abschluß noch einmal hervorheben, daß die Ziele einer biographischen Anamnese, die unter tiefenpsychologischen Aspekten erhoben wird, sehr vielschichtig sind: In jedem Fall will der Therapeut einen Einblick in die innere Verfassung seines Patienten gewinnen und den abgelaufenen Lebensweg verstehen. Natürlich beabsichtigt er auch, die gesammelten Informationen so zu verwerten, daß er die Besserungsaussichten für eine analytisch orientierte Psychotherapie einschätzen und einen vernünftigen Behandlungsplan aufstellen kann. Auf diese spezielle Fragestellung hat sich mein Interesse bei der hier vorliegenden Studie allerdings nicht konzentriert: Einmal habe ich mich zu den Problemen der Prognose, der Indikation und des Therapieplanes schon in anderem Zusammenhang mehrfach geäußert. Zudem gibt es eine Reihe von vorzüglichen Publikationen, die sich der Indikation, der prognostischen Einschätzung einer Krankheitssituation und der Beziehungsstruktur zwischen dem Arzt und dem Patienten widmen.

Der Schwerpunkt, der Sinn und das Ziel des hier vorgelegten Buches liegen in einem anderen Bereich: Ich wollte in leidlich geordneter Übersicht eine möglichst große Zahl differenzierter Angaben über Lebensläufe und neurotische Charakterzüge bei Patienten anbieten und dabei vor allem jene besonderen Prozesse herausarbeiten, die das persönliche innere Schicksal des Kranken mit seinem äußeren Lebensablauf verknüpfen. Es wäre mir eine Befriedigung, wenn es mir zum Nutzen meiner Leser gelungen sein sollte, unter diesem Aspekt den verstehenden Einblick in die inneren Konflikte psychogen erkrankter Patienten zu erleichtern.

Literaturverzeichnis

ALEXANDER, F.: In: 10 Jahre Berliner Psychoanalytisches Institut, Internat. Psychanalyt. Verlag Wien.
–: Psychosomatische Medizin. Walter de Gruyter, Berlin 1951.
ARGELANDER, H.: Das Erstinterview in der Psychotherapie. Wissenschaftl. Buchgesellschaft, Darmstadt 1970.
BALINT, M.: Der Arzt, sein Patient und die Krankheit, Klett-Verlag, Stuttgart 1957.
BALINT, E., NORELL, J. S.: Fünf Minuten pro Patient. Suhrkamp, Frankfurt a. M. 1975.
BALLY, G.: Sigmund Freud, Entdecker des heilenden Gespräches. Neue Züricher Zeitung, 6. Mai 1956.
BEESE, F.: Der Neurotiker und die Gesellschaft. Entstehungsbedingungen und Heilungschancen, Piper, München 1974, Buch 18.
BENEDETTI, G.: Der psychisch Leidende und seine Welt. Hippokrates, Stuttgart 1964.
BINSWANGER, L.: Lebensfunktion und innere Lebensgeschichte. Mschr. Psychiat. 68 (1928), 52.
–: Drei Formen mißglückten Daseins. Niemeyer, Tübingen 1956.
BOSS, M.: Einführung in die psychosomatische Medizin. Huber, Bern 1954.
BOSTROEM, A.: Die verschiedenen Lebensabschnitte in ihrer Auswirkung auf das psychiatrische Krankheitsbild. Arch. Psychiat. Nervenkr. 107 (1937), 155.
BRÄHLER, E.: Der Gießener Beschwerdebogen (GBB) Habilitationsschrift, Gießen 1978.
BRÄUTIGAM, W.: Wesen und Formen der psychotherapeutischen Situation. (P. Christian) In: Frankl.-v.-Gebsattel-Schultz (Hrsg.): Handbuch der Neurosenlehre und Psychotherapie, Bd. I, S. 402–439. München und Berlin. Urban & Schwarzenberg, München/Berlin 1959.
–: Psychotherapie in anthropologischer Sicht. Enke, Stuttgart 1961.
–: Psychosomatische Medizin (zusammen mit P. Christian), 2. Aufl., Thieme, Stuttgart 1975.
BROWN, G. W.: Meaning, measurement and stress of life events, In: Dohrenwend, B. S., P. Dohrenwend: Stressfull life events. Their nature and affects. Wiley and Sons, New York 1974.
BROWN, G. W., HARRIS, T. O., PETO, J.: Life events and psychiatric disorders. Part 2: Nature of causal link, Psychological Medicine, 1973, 3, 159–176.
BROWN, G. W., SKLAIR, F., HARRIS, T. O., BIRLEY, J. L. T.: Life-events and psychiatric disorders. Part 1: Some methodological issues, Psychological Medicine, 1973, 3, 74–87.
BRAUN, E.: Viertelstundengespräche in der Landpraxis, Praxis d. Psychotherapie 9, 1964.
BÜHLER, CH.: Der menschliche Lebenslauf als psychologisches Problem. 2. Aufl., Vandenhoeck & Ruprecht, Göttingen 1959.
CASTELNUOVO-TEDESCO, P.: The Twenty-Minute-Hour. J. u. A. Churchill Ltd., London 1965.
CLAUSER, G.: Lehrbuch der Biographischen Analyse. Thieme, Stuttgart 1963.
CHRISTIAN, P., DINKELAKER, H., MAYER, H.: Charakteristische Einstellungen des Kreislaufs während des Erstinterviews, Z. Psych. Med. 17, 1971.
F. CURTIUS u. R. ADAM: Über psychogene und funktionelle Erkrankungen in der inneren Medizin; Dtsch. Archiv f. klin. Med. Bd. 196, S. 70–101 (1949).
DELIUS, L.: Biographische Medizin als Bindeglied und Bildungsgut der Ärzteschaft, Ärztl. Mitt. (Köln) 40 (1955), 779.

DILTHEY, W.: Ideen über eine beschreibende und zergliedernde Psychologie. Ges. Schriften, Bd. 5.1. Teubner/Vandenhoeck & Ruprecht, Stuttgart, Göttingen 1957, 139–240.

DÜHRSSEN, A.: Die Überprüfung prognostischer Urteile bei psychogenen Erkrankungen, Ztschr. f. Psychotherapie u. med. Psychologie 2. H. 5 (1952).

–: Das Problem der auslösenden Konfliktsituation in der Diagnostik psychogener Erkrankungen, Ztschr. f. psychosom. Med. 1. H. 1 (1954).

–: Zum Problem der sozialen Vererbung, In: Kongreßbericht d. Allg. Ärztl. Ges. f. Psychotherapie Freudenstadt. Kretschmer, Tübingen 1956.

–: Analytische Psychotherapie in Theorie, Praxis und Ergebnissen. Vandenhoeck & Ruprecht, Göttingen 1972.

–: Psychogene Erkrankungen bei Kindern und Jugendlichen. 13. Aufl., Vandenhoeck & Ruprecht, Göttingen 1981.

–: Psychotherapie bei Kindern und Jugendlichen. 6. Aufl., Vandenhoeck & Ruprecht, Göttingen 1980.

–: Heimkinder und Pflegekinder in ihrer Entwicklung. 6. Aufl., Vandenhoeck & Ruprecht, Göttingen 1977.

DUNBAR, F.: Emotions and Bodily Changes. 4th ed., New York 1954.

ELHARDT, S.: Das konfliktzentrierte ärztliche Gespräch (Erfahrungen mit einem didaktischen Gruppenmodell mit Studenten), MMW 117, 32/33 (1975).

FENICHEL, O.: The Psychoanalytic Theory of Neurosis. W. W. Norton Inc., New York 1945.

FREUD, S.: Gesammelte Werke, Bd. 1–17, London 1940–1952.

GRIESINGER, W.: Pathologie und Therapie der psychischen Krankheiten. E. J. Bonset, Amsterdam 1867.

GUERIN, PH.: Family Therapy. Gardner Press. Inc. New York/Toronto 1976.

HAHN, P.: Symptom und Erlebnisgeschichte. Prax. Psychoth. 14, 10–17, (1969).

HAFTER, C.: Kinder aus geschiedenen Ehen. Huber, Bern 1960.

HEIGL, F.: Prognostische Kriterien in der Psychotherapie. Ztschr. f. Psychosom. Med. 12, 1966.

–: Indikation und Prognose in Psychoanalyse und Psychotherapie. Vandenhoeck & Ruprecht, Göttingen 1972.

HOLLMANN, W.: Biographische Psychologie und Innere Medizin. Med. Ztschr. 9, 1955.

–: Krankheit, Lebenskrise, soziales Schicksal. Thieme, Leipzig 1940.

JASPERS, K.: Allgemeine Psychopathologie 7. Aufl., Springer, Berlin/Heidelberg 1961.

–: Psychologie der Weltanschauungen. Springer, Basel 1925.

JORES, A.: Der Kranke mit psychovegetativen Störungen. Vandenhoeck & Ruprecht, Göttingen 1973.

KNOEPFEL, H. K.: Einfache Psychotherapie für den Hausarzt. Huber, Bern/Stuttgart 1961.

KREHL, L. v.: Pathologische Physiologie. 11. Aufl., Vogel, Leipzig 1918.

KUENZLER, E., ZIMMERMANN, I.: Eröffnung des Erstinterviews. Psyche 19, 68 (1965).

MAUZ, F.: Das ärztliche Gespräch. Therapiewoche 10 (1960), 311.

MEERWEIN, F.: Das ärztliche Gespräch. Grundlagen und Anwendungen. Huber, Bern/Stuttgart/Wien 1974.

MINORU, MASUDA, HOLMES, T.: Magnitude estimations of social readjustments. Journal of Psychosomatic Research. Vol. 11 pp 219 to 225. Pergamon Press, 1967. Printed in Northern Ireland.

MITSCHERLICH, A.: Krankheit als Konflikt. Studien zur psychosomatischen Medizin I. Suhrkamp, Frankfurt a. M. 1966.

MOSER, U.: Gesprächsführung und Interviewtechnik. Psychologische Rundschau 15, 263, 1964.

PFLANZ, M.: Sozialer Wandel und Krankheit. Enke, Stuttgart 1962.
POSLAVSKI, A.: Das ärztliche Gespräch. Vorträge des 12. Internationalen IMA-Seminars. Mariazell 1968, Kongreßhefte.
REICH, W.: Charakteranalyse. Selbstverlag 1933.
REIK, TH.: Das Hören mit dem dritten Ohr. Hoffmann & Campe, Hamburg 1976.
RICHTER, H. E.: Die narzißtischen Projektionen der Eltern auf das Kind. Jahrbuch der Psychoanalyse, Bd. I, 1960.
ROMEIN, J.: Die Biographie. Einführung in ihre Geschichte und ihre Problematik. Sammlung Dalp. Bd. 59, Bern 1948.
RUDOLF, G.: Der psychische und sozialkommunikative Befund (PSB), ein Instrument zur standardisierten Erfassung neurotischer Befunde. Ztschr. f. Psychosomatische Med. und Psychoanalyse 25, 1–16, 1979.
– Untersuchung und Befund bei Neurosen und Psychosomatischen Erkrankungen, Beltz, Weinheim u. Basel 1981.
RÜGER, U.: Das Kind als Individuum in der Familiengruppe – zur Problematik des Begriffs Familienneurose. In: Bd. VI – Weiterentwicklung der Psychoanalyse (vormals: Fortschritte der Psychoanalyse) A. Heigl-Evers, G. Chrzanowski, V. Brazil (Hrsg.), Mitherausgeber Bd. VI – G., Condrau, A., Hicklin, Vandenhoeck & Ruprecht, Göttingen 1977.
SCHEPANK, H.: Erb- und Umwelteinflüsse bei 50 neurotischen Zwillingspaaren. Z. f. Psychother. u. med. Psychol., 21, Heft 2, 1971.
–: Erb- und Umweltfaktoren bei Neurosen, Ergebnisse der Zwillingsforschung und andere Methoden. Nervenarzt 44, 1973.
–: Diskordanzanalyse eineiiger Zwillingspaare. Z. f. Psychosomat. Med. und Psychoanalyse 21, 1975.
–: Diagnostik und Indikation. In: Psychoanalyse heute, (zus. m. L. v. Rodenberg) Hippokrates, Stuttgart 1977.
SCHRAML, W.: Ebenen des klinischen Interviews. In: Person als Prozeß. Huber, Bern/Stuttgart 1968.
SCHULTZ-HENCKE, H.: Einführung in die Psychoanalyse. Thieme, Stuttgart 1927.
–: Lehrbuch der analytischen Psychotherapie. Thieme, Stuttgart 1951.
SIEBECK, R.: Organisch, funktionell, neurotisch in Diagnose und Therapie. Deutsche med. Wschr. 64, 1938.
–: Medizin in Bewegung, 2. Aufl.. Thieme, Stuttgart 1953.
–: Neurosenlehre im Rahmen der allgemeinen Heilkunde. Hdb. Neurosenlehre und Psychotherapie, Bd. 1. Urban & Schwarzenberg, München/Berlin 1959.
SIMMEL, G.: Philosophie des Geldes. Duncker u. Humblot, München/Leipzig 1922.
SPERLING, E.: Familientherapie. In: Handbuch der Kinderpsychiatrie, Bd. 3 (Hrsg.: G. Biermann). Reinhardt, München/Basel 1976.
– und SPERLING, U.: Die Einbeziehung der Großeltern in die Familientherapie. In: H. E. Richter, H. Strotzka, J. Willi (Hrsg.): Familie und seelische Krankheit. Rowohlt, Reinbek 1976.
–: Familientherapie unter besonderer Berücksichtigung des Dreigenerationenproblems. Ztschr. f. Psychotherapie und Med. Psychologie.
STUDT, H. H.: Zur auslösenden Konfliktsituation bei psychogenen Erkrankungen. In: F. Dittmar: Aktuelle Psychosomatik. Grundlagen und Praxis. Banaschewski, München-Gräfelfing 1975.
THOMAE, H.: Biographie und Psychologie. Sammlung 6, 1951.
UEXKUELL, TH. v.: Der Körper als Problem der psychosomatischen Medizin. Psyche 15, 1961.
VERSCHUER, O. V.: Wirksame Faktoren im Leben des Menschen. Steiner, Wiesbaden 1954.

Weizsäcker, V. v.: Studien zur Pathogenese. Thieme, Leipzig 1935.
–: Fälle und Probleme. Enke, Stuttgart 1947.
–: Körpergeschehen und Neurose, Klett, Stuttgart 1947.
–: Der kranke Mensch. Köhler, Stuttgart 1951.
–: Pathosophie. Vandenhoeck & Ruprecht, Göttingen 1956.
Wittkower, E.: Einfluß der Gemütsbewegungen auf den Körper. Wien/Leipzig 1936.
Zander, W.: Die Verantwortlichkeit des Analytikers bei der Auswahl der Patienten. In: Praxis d. Psychotherapie, Bd. XX, Heft 5, 1975.
–: Zum Problem der spezifischen Syndrombildung bei psychosomatischen Krankheitsbildern. In: Ztschr. f. Psychosom. Med. u. Psychoanal. 22. Jg. Heft April/Juni 1967. Vandenhoeck & Ruprecht, Göttingen.
–: Beitrag zur Verifizierung der spezifischen Konfliktverarbeitung bei psychosomatischen Krankheitsbildern. Untersuchungen an Patienten mit Ulcus duodeni. In: Méd. et Hygiène 34, 1976.